قُد حياتك

خطة العمل المؤكدة لتأمين
مستقبلك من خلال المعاملات
العقارية

أنتوني جوزف

PASSIONPRENEUR®
PUBLISHING

قُد حياتك

حقوق النشر ©
طُبِع لأول مرة عام ٢٠٢٢

طباعة: ٩٧٨-١-٩٢٢٤٥٦-٨٦-١
الكتاب الإلكتروني: ٩٧٨-١-٩٢٢٤٥٦-٧٨-٨
الكتاب الورقي: ٩٧٨-١-٩٢٢٤٥٦-٨٥-٤

جميع الحقوق محفوظة. لا يجوز نسخ أي جزء من هذا الكتاب أو تخزينه في نظام قابل للاسترجاع أو نقله بأي وسيلة (إلكترونية أو ميكانيكية أو نسخ أو تسجيل أو غير ذلك) دون إذن كتابي من المؤلف.

بسبب الطبيعة الديناميكية للإنترنت، قد ترد في هذا الكتاب أية عناوين أو ارتباطات على شبكة الويب وقد تغيّرتْ منذ النشر بحيث أنها قد لا تكون صالحة الآن. تستند المعلومات الواردة في هذا الكتاب إلى تجارب المؤلف وآرائه. إن الآراء الواردة في هذا الكتاب هي فقط آراء المؤلف ولا تعكس بالضرورة آراء الناشر؛ يُخلي الناشر بموجب هذه الاتفاقية مسؤوليته تجاهها.

لا يقدم مؤلف هذا الكتاب أي شكل من أشكال المشورة الطبية أو القانونية أو المالية أو التقنية سواء بشكل مباشر أو غير مباشر. ينحصر غرض المؤلف فقط في توفير معلومات ذات طبيعة عامة لمساعدتك في سعيك لتحقيق النمو والتطوير الشخصي. في حالة استخدام أي من المعلومات الواردة في هذا الكتاب، لا يتحمل المؤلف والناشر أية مسؤولية عن تصرفاتك. إذا كان هناك حاجة إلى أي شكل من أشكال مساعدة الخبراء، فيجب طلب خدمات أخصائي مختص.

معلومات النشر
تمّ تسهيل النشر والتصميم والإنتاج من خلال باشن برينيور للنشر
www.PassionpreneurPublishing.com
ملبورن، فيكتوريا | أستراليا

جدول المحتويات

إهداء الكتاب	د
شكر وتقدير	ز
مقدمة	١
كيف بدأ الأمر برمّته	٣
اليقظة	١٥
أهدافي	٢٣
البحث عن العملاء المحتملين	٢٥
الحصول على قوائم العقارات المتاحة	٣٥
إدارة الوقت	٤٣
وسائل التواصل الاجتماعي	٥١
أنواع العملاء	٦١
تقديم العروض	٦٩
اتبع المال	٧٥
خدمة العملاء	٨١
الشجاعة	٨٧

الخاتمة	٨٩
لمزيد من المعلومات	٩١
نبذة عن المؤلف	٩٥
هل تريدني أن أدلّك على الطريق؟	٩٧

إلى عائلتي وأصدقائي، وكلّ من ألهمني بطريقته الخاصة، حتى لو لم يعرفوا ذلك.

شكر وتقدير

أودّ أن أتوجّه بالشكر لمصطفى الحموي وفريقه في باشن برينيور للنشر لما قدّمه لي من توجيه خلال رحلة تحويل فكرة هذا الكتاب إلى حقيقة ملموسة.

مقدمة

استغرق الأمر مني ثلاثين عامًا لأجد هدفي في الحياة. كانت حياتي قبل ذلك مليئة بالحزن والغضب والوحدة بسبب ضبابية الأهداف أمام ناظريّ.

تغيّر كل ذلك عندما بدأت أقود حياتي في المسار الذي أريده وتولّيتُ مقاليد اتخاذ القرار فيها. بدأت الأمور بالتحسّن، ووجدتُ مكانًا لنفسي في هذا العالم – مكانًا كنت أتوق إليه؛ وهو ما يملأ روحي بالفخر الآن. أعلم أن هناك الآلاف وربما الملايين من الناس في العالم يحلمون بتحقيق إنجاز كبير في حياتهم ولكنهم لا يعرفون من أين يبدؤون أو كيف يحققون ذلك. وهذا ما دفعني لأكتب هذا الكتاب؛ كي أتمكن من نقل رسالتي والدروس التي اكتسبتُها من الحياة إلى جميع قرائي.

إنني أنحدر من عائلة مفكّكة؛ إذ لم أكن قد تجاوزت الثامنة من عمري عندما وقع الطلاق بين والديّ. عشتُ مرحلة مراهقتي بتهور، بلا أهداف وبدون أمل، كنت أعيش كل يوم بيومه فقط ويضجّ في رأسي التساؤل عن هدفي في الحياة. ولكن عندما اتخذتُ قراري النابع من صميم قلبي وعقلي بأنني لا بدّ لي من أن أقلب حياتي رأسًا على عقب، بدأت الأمور تتغيّر. صدقًا، أنا دليل حي على أنه بإمكان أيّ شخص أن يحقق النجاح إذا تحلّى بما يكفي من

المثابرة والتصميم وقوة الإرادة.

إذا كنتَ شخصًا يحلم بتحقيق إنجاز كبير مثلي، فلا تتوانى وانتقلْ إلى الصفحة التالية. سيعلّمك هذا الكتاب ما لا تتعلمه في المدارس أو الجامعات: سيعلّمك كيفية تغيير نمط تفكيرك، وانتقالك إلى أفضل صورة تسمح لك بها إمكانياتك، تمامًا مثلما حدث معي.

الفصل ١

كيف بدأ الأمر برمّته

لا تصبح الأمور أسهل بمرور الوقت؛ لكنك تصبح أقوى.

لا يمكن لأي عائق في هذا العالم أن يمنعك من تحقيق أحلامك إذا كنتَ تتمتع بالدافع للوصول إليها وثابرتَ في العمل على تحقيقها.

ما زلت أذكر اليوم الذي غادرتُ فيه بلدي الأم، لبنان، للانتقال إلى دبي. كان ذلك في الثالث والعشرين من أكتوبر من عام ٢٠١٤. كنتُ حزينًا مكسورَ الفؤاد لكوني غادرت كل ما كنت أعرفه وأحبه – عائلتي وأصدقائي والمكان الذي ترعرعت فيه. كل ما كان في حوزتي هو ١,٠٠٠ دولار أميركي وهذا الشعور بعدم الأمان بشأن تحقيق النجاح في مدينة جديدة كليًا بالنسبة لي.

استقبلني عمّي، الذي لم أره مُذْ كنتُ في الثالثة من عمري؛ ومع ذلك، شعرتُ بالراحة تملأ جوارحي لرؤية وجهٍ مألوف في هذه الأرض الغريبة. وبدأ الشعور بالإثارة حيال حياتي الجديدة في دبي يتسلّل إلى قلبي، فالجميع يصف

هذه المدينة بأنها أرض الفرص والأحلام.

عندما غادرْنا المطار إلى بيت عمي، رأيت ناطحات السحاب التي تعانق السماء تطلّ على الطرق. كان الأمر سرياليًا بكل ما في الكلمة من معنىً. عندما سألني عمي عن شعوري، لم أستطع أن أنبس ببنت شفة؛ كل ما تمكنت من فعله هو أن أعيش اللحظة التي أمرّ بها؛ أن أختبر هذه المشاعر المختلطة – فرحة وجودي في مدينة جديدة، والإثارة التي تمنحها رؤية جمالٍ كهذا لأول مرة في حياتي، والحزن بسبب مغادرة حياتي القديمة خلف ظهري، والتعب الناجم عن الرحلة التي أنهيتها للتو.

كانت هذه المرة الأولى في حياتي التي أغادر فيها منطقة الراحة والاطمئنان – لا يدفعني إلى ذلك إلا حدسٌ خفيٌّ بأني سأحظى هنا بحياة أفضل من حياتي التي كنت أعيشها في بلدي الأم بحيث أحقّق طموحي وأحلامي، وبأني سأجعل الجميع فخوراً بي. هناك في لبنان، كنت أعيش حياةً مرفهة صاخبة بالمغامرات والحفلات. كانت عائلتي تعاملني بقمة الدلال بحيث إنها منحتني كل ما كنت أطلبه. لكن ذلك لم يمنحني السعادة الحقيقية. كنت تحت وطأة شعورٍ بأنّ كل ما أتمتع به بلا معنى. لذلك، أردت أن أصنع من نفسي شخصًا مهمًا؛ أردت أن أمنح حياتي معنىً وقيمة.

التكيّف مع حياتي الجديدة في دبي

لم يكن بدء حياةٍ جديدة في دبي أمرًا سهلاً – خاصة إذا أخذنا بعين الاعتبار نمط حياةِ البذخ الذي كنت أعيشه إلى ذلك الحين. هناك، كانت عائلتي تمنحني أيّ

شيء أرغب فيه بسهولة؛ أما هنا، فأنا مرغم على أن أفعل كل شيء بنفسي.

لكني لم أشتكِ. بل بدلاً من ذلك، نظرت إلى الأمر على أنه مرحلة انتقالية ترتقي بي من طفلٍ أفسده الدلال إلى رجل بكل ما في الكلمة من معنى. لذلك، قبلت التحدي واستيقظت صباح اليوم التالي مفعمًا بالحماس بحياتي الجديدة في أرض الفرص والأحلام.

الدخول في عالم العقارات

سارعتُ إلى التقديم لوظائف في مجال العقارات وبدأتُ أتلقّى الردود. لقد زرت جميع الشركات التي تقدّمت إليها، لكني لم أشعر في أي منها بأنني في مكان العمل الملائم لي. كنت واثقًا من أنني عندما أجد الشركة المناسبة لي فسأعرفها على الفور، ولقد كنت محقًّا في ذلك.

بعد عدة مقابلاتِ عملٍ أخرى، أجريتُ مقابلةً في شركة بروفيدنت للعقارات، والتي كانت إحدى أقلّ الشركات فخامة في مجال صناعة العقارات. بدا معظم الوكلاء وكأنهم رجال عصابات – كانوا شعث الشعر، بل إن مظهرهم كان كفيلاً بأن يملأ قلبك رعبًا. ولكن حدسي أخبرني أنّ هذه الشركة هي المكان الذي أريد أن أعمل فيه. بعد المقابلة، عرض عليّ مدير الشركة وظيفةً لكنه طلب مني الحصول على رخصةِ وساطةٍ عقارية قبل مباشرةِ العمل. ثم خرجت من المكتب وانهرْتُ على أقرب كرسي؛ ليس لأنني كنت محطمًا، بل لأنها كانت المرة الأولى في حياتي التي أحصل فيها على ما أريده حقًا بدلاً من الاكتفاء بما ترميه الحياة في طريقي.

لذلك توجّهتُ من فوري إلى دائرة الأراضي والأملاك في دبي وسجّلت للحصول على شهادةِ رخصةٍ في الوساطة العقارية. ونظرًا لأنني كنت أرغب في الحصول على هذه الرخصة من أعماق قلبي، فقد قررت أن أصبح طالبًا جيدًا وأن أحضر جميع الفصول الدراسية – على عكس سلوكي أيام الدراسة، عندما كنت أقضي معظم الوقت جالسًا في المقاعد الخلفية منتظرًا انتهاء اليوم المدرسي بمللٍ منقطع النظير.

كانت المدربة، السيدة هبة جابر، نفسها قد جاءت إلى دبي بحثًا عن حياة جديدة وبنتْ مسيرة مهنية مكلّلة بالنجاح. لقد كانت بحرًا لا متناهيًا من المعرفة، تتمتع بخبرةٍ هائلة في هذا المجال. نظرتْ إليّ في اليوم الأول من الفصل وأخبرتني إنني سأنجح نجاحًا باهرًا في هذه الصناعة. سرحتُ في تفكيري في ذلك الوقت متسائلًا عن سبب ما قالتْ. وتساءلتُ عمّا إذا كانتْ تسخر مني، لكن ربما كانت خبرتُها الواسعة كمدربةٍ كفيلة بأن تمكّنها من التنبؤ بنوعِ المستقبل الذي ينتظرني في هذه الصناعة.

الأيام الأولى في الوظيفة وفقدان الحافز

بمجرد الانتهاء من الدورة، قدّمتُ امتحاناتي وانتظرت النتائج بفارغ الصبر. لقد آتى العمل الجادّ ثماره وحصلتُ على رخصتي في الوساطة العقارية. جعلني ذلك أحلّق في أعلى درجات السعادة! ثم عدت إلى الشركة لمباشرة العمل. وبمجرد استقراري في مكان العمل الجديد، لاحظت كيف يعرض الوكلاء الآخرون العقارات على العملاء. وتساءلت كيف يمكنني القيام بذلك بشكل

أفضل. قضيت وقتي في قراءة مقالات عن العقارات، ومتابعة أخبار هذه الصناعة، بل إنني أبحرت في التعرف على تاريخ دبي لفهم اتجاهات المبيعات والمعلومات الأخرى ذات الصلة وهو ما كان أمرًا شديد الأهمية؛ لا سيما وأني كنت قادمًا جديدًا في هذه المدينة. ومع ذلك، حتى مع كل هذه المعلومات، كنا مجرّد مجموعة ضائعة مكونة من أشخاص لا يعرفون حتى كيفية الحصول على قوائم بالعقارات المتاحة، ناهيك عن تطويرها.

بدأتُ أفقد الحافز مع مرور الوقت؛ إذ إنني لم أحقق النجاح في أي أمر، على الرغم من أنني أعمل في الوظيفة التي لطالما حلمت بها. مع أنني كنتُ أعمل لساعات طويلة في الحر وأستخدم المترو في تنقلاتي وبالكاد أجد الوقت الكافي لتناول ثلاث وجبات في اليوم، إلا أن كل هذا لم يُجْدِ نفعًا. لذلك، قررت ترك وظيفتي والاستقرار في وظيفة روتينية من الساعة التاسعة إلى الخامسة، على أمل أن تسمح لي وظيفةٌ كهذه أن أعيش حياةً مريحة على الأقل.

لقاء ملهم مع الرئيس التنفيذي

طرقتُ باب مكتب الرئيس التنفيذي ولا تدور في ذهني إلا فكرة واحدة مسيطرة: الاستقالة. لم ألتقِ به من قبل، لكنني اعتقدت في ظلّ الظروف الراهنة أنه من الأفضل لي تقديم استقالتي له شخصيًا. وعندما سألني عن سبب رغبتي في الاستقالة، أخبرته أن نقودي نفدتْ وأنني بحاجة للبحث عن وظيفة تؤمن لي راتباً لتغطية مصاريفي. كان ردُّه مفاجئًا بحيث أني لم أكن لأتوقعه في أقصى أحلامي جموحًا؛ إذ أخبرني إنه لن يتركني أغادر الشركة لأنه

كان يتوقع لي مستقبلاً مشرقًا فيها. وأضاف إنه يؤمن بقدراتي ويعتبرني استثمارًا جيدًا للشركة.

حدّقتُ به مذهولاً، أكاد لا أصدّق ما سمعتْ أذناي، بينما تابع حديثه عن بدايته المتواضعة في حياته. فأسهب متحدّثًا عن انتقاله من المملكة المتحدة إلى دبي لبدء حياة جديدة، وكيف عمل بجد، وإصرار، وأصبح مالكًا لشركة ناجحة في مجال العقارات في سن السادسة والعشرين. وكيف أنه على الرغم من المصاعب الجمّة التي واجهها، لم يسمحْ للهزيمة أن تردّه خائبًا. لقد واجه الأوقات العصيبة بشجاعة إلى أن تمكّن من الاستمتاع بجني ثمار تعبه بعد ذلك.

ألهمتْني قصتُه، وألهبتْ فيّ شعلة العزيمة فقررتُ ألّا أغادر الشركة. وبدلاً من ذلك، قررتُ أن أثابر في طرقي إلى أن أنعم بثمار تعبي.

بدايتي الثانية

ألهبتْ كلمات الرئيس التنفيذي شعلةَ الشغف مجددًا بداخلي. واشتعلتْ في أعماقي رغبةٌ غامرة في إثبات نفسي. فبعت هاتفي وما لديّ من مجوهرات بسعر بخسٍ في أحد متاجر الرهون لأتمكن من تسديد نفقاتي. وابتعدت عن جميع الأشخاص السلبيين في حياتي ولازمْتُ مجال اهتمامي، واضعًا نصب عينيّ الشيء الوحيد المهم في حياتي: تحقيق النجاح في كل ما أفعله.

وبعد فترة وجيزة، بدأتُ في إبرام عقود الإيجارات مع وكلاء مختلفين وحصلت على أول راتب كبير لي: ١٠,٠٠٠ درهم إماراتي. أما الآن، وبعد أن أصبح لديّ ما يكفي من المال لطعامي وتنقلاتي ونفقاتي الأخرى، صار بإمكاني أن أصبّ تركيزي على كيفية التميّز عن آلاف الوكلاء الآخرين الذين يفعلون الشيء نفسه: الاتصال بمالكي العقارات، والحصول على قوائم العقارات المتاحة، وإبرام المبيعات، وما إلى ذلك...

لذلك أجريت القليل من البحث حول مختلف أنواع العقارات التي يمكنني العمل فيها. وسرعان ما اكتشفت أن صناعة الشقق الفندقية ما تزال صناعةً بكرًا عمليًا مما يجعلها تَعِد بالربح الوفير على نطاق واسع. تجسّد التحدي الحقيقي في هذا المجال في الحصول على تلك الشقق الفندقية والتأكد من تحصيل العمولات بشكل آمن. فأخذت خطوة في هذا المجال مدفوعًا بإيماني في النجاح، ودخلت مبنى شقق فندقية يعود إلى علامة تجارية ضخمة وطلبت مقابلة مدير المبيعات. سألتني موظفة الاستقبال فيما إذا كان لدي موعد معه؛ فأجبتها بالنفي لكنني أخبرتها إنه سيهتمّ بمقابلتي. وأخبرتها إنني سأنتظر ريثما يجد وقتًا لمقابلتي. مرت ساعة ولكن مدير المبيعات لم يأت لرؤيتي. لذلك أخبرت موظفة الاستقبال إنني أريد استئجار شققًا ذات غرفتين أو ثلاث وأرغب في القيام بجولة في الأنحاء.

عندما شاهدت الشقق، انتابني الشعور نفسه الذي شعرت به عندما ذهبت إلى مقابلة العمل في شركة بروفيدنت للعقارات. كنت على يقين أن هذا هو المكان الذي سأجني منه أموالي. لذلك قررت انتظار مدير المبيعات، مهما طال الوقت.

بعد ساعتين أو ثلاث، تمكّنت أخيرًا من مقابلته. استقبلني بابتسامة عريضة،

ولكن عندما أخبرته إنني وكيل عقارات، تلاشت تلك الابتسامة من معالم وجهه. حاولت أن أشرح له إنني لست مثل العملاء الآخرين، وبعد محادثة طويلة، سألني عن العرض الذي لديّ، وأصغى إليّ، ثم ابتسم بأدب، وغادر.

لكنني قطعت نذرًا على نفسي – لا بدَّ لي من الحصول على هذه صفقة في هذا المكان، ولا بدّ أن تكون صفقة حصريّة أيضًا.

كان الحصول على وحدة سكنية واحدة في دبي نفسها أمرًا بالغ الصعوبة. فما بالك بالحصول على ١٦٠ شقة فاخرة تابعة لعلامة تجارية ضخمة؟
لقد بدا الأمر وكأنه أمر مستحيل. لكنني لم أسمح للإحباط بالتسلل إلى قلبي. كنت مصممًا على ما أريد. عدتُ إلى المكتب وقمت بعصفٍ ذهني حول كيفية تقديم عرض لا يمكن رفضه. كنت قد أجريت أبحاثًا معمّقة حول كيفية تقديم عروض رائعة، ليس من خلال الاكتفاء بالعمل على الجوانب العقارية ولكن بالتعب على لغة جسدي وشخصيتي أيضًا. كنت على يقين بأنني إذا رغبت في أن أصبح شخصًا ناجحًا، فلا بد لي من إتقان جميع الأساسيات المطلوبة.

ذهبتُ إلى مدير المبيعات وفي حوزتي عرضين، ولكنه رفض كلاً منهما. لمْ يوهن رفضُه عزيمتي؛ بل ازددتُ تصميمًا على بلوغ ما أريد. لذلك، أعددتُ عرضًا ثالثًا. لكن في هذه المرة، كنتُ مصرًّا أن أوضّح له توضيحًا عمليًا كم كنت جيدًا في مجالي بدلاً من مجرد إخباره بذلك. لقد تواصلت مع حراس الأمن في جميع المباني المجاورة، ودفعت لهم المال مقابل أن أعرف الوحدات السكنية المتاحة في كل مبنى، إلى جانب بيانات الاتصال بالملاك. وبعد فترة وجيزة، بدأتُ في اصطحاب ثلاث إلى أربع عملاء في زيارات للوحدات السكنية يوميًا. وحرصت على اصطحاب هؤلاء العملاء إلى الشقق الفندقية

على الرغم من أنهم يريدون منزلاً غير مؤثث، لكنني كنت أرغب في أن أجعل مالكي الشقق يثقون في أنني أستطيع إحضار الكثير من العملاء لهم.

وبعد فترة وجيزة بدأ موظفو مبنى الشقق الفندقية في الانتباه لزياراتي المتكررة، وسألوني عن سبب عدم إتمام الصفقات على الرغم من كثرة المشاهدات للعقار. أخبرتهم ببساطة أن الحصول على عملاء محتملين هو أولويتي؛ على الرغم من أنه يمكنني الحصول على ما يصل إلى عشرة عملاء كل أسبوع، إلا أنني كنت أرغب في إبقاء العقار متاحًا في السوق، على عكس الوكلاء الآخرين الذين لا يمكنهم الحصول إلا على عميلين أو ثلاثة عملاء فقط كل أسبوع وكانوا متحمسين للتمام الصفقات.

ثم طلبت من مدير المبيعات منحي العقار حصريًا وأخبرته إنني سأمطره بوابلٍ من العملاء، فطلب مني صياغة عرضٍ يحتوي على كل ما أريده. وفي غضون أسبوع، أتممنا الصفقة، وحققت أخيرًا أول نجاح باهر لي – بعد مجرد خمسة أشهر فقط من انتقالي إلى هذه المدينة.

لم يغير هذا الأمر مسيرتي المهنية فحسب، بل منحني المزيد من الثقة لإبرام صفقات أفضل وأكبر. وفي غضون بضعة أشهر فقط، بدأت في إبرام صفقاتِ عدةِ وحداتٍ سكنية في الأسبوع؛ كما إنني حصلت على رخصة القيادة، واستأجرت سيارة، واستأجرت منزلاً رائعًا، وفرشته حسب ذوقي. لقد تحوّلتُ من شخص يتألّم من شدة حنينه إلى الوطن في مدينةٍ جديدة، إلى تحقيقِ نجاحٍ كبير في نهاية الأمر؛ يمكنني الآن أن أنعم بشعوري بالفخر بنفسي وبإنجازاتي.

بحلول السنة الثانية، تمكّنت من الاستحواذ على أكثر من ١,٥٠٠ عقار – حصريًا.

يفوق هذا الأمر ما يمكن لـ ٢٠ شخصًا مجتمعين إنجازه عادةً، لكنني أحببت العمل. ولم تعد الحفلات تعني لي شيئًا بعد الآن لأنني وجدتُ دافعًا جديدًا في الحياة، فاكتفيتُ بمطاردته فحسب.

العطاء أفضل

لا يعرف الناس عادة ما يريدون، كما أنهم لا يهتمون تمامًا بما يفعلونه. هذا هو السبب في أن معظمهم يعلَق في دوامةٍ من الارتباك والتشوّش بين مطاردة حلمِ حياته أو الاكتفاء بمجرّد التمسك بوظيفةٍ آمنة.

ينتقل ملايين الأشخاص إلى أماكن جديدة كل يوم دون أن يحملوا في جعبتهم إلا أحلامهم وآمالهم في تحقيق نجاح باهر. كنت واحدًا منهم، وبإصرار مستمر تمكّنت من تحقيق حلمي الكبير. والآن، أريد أن أمدّ يد المساعدة بأية طريقة ممكنة للآخرين ليحققوا أحلامهم.

إذا وجدتَ في هذا الكتاب ما يساعدك – عزيزي القارئ – بأي شكل من الأشكال، فآمل أن تسعى يومًا ما إلى مساعدة الآخرين الذين تجدهم في مثل وضعك الآن؛ هذه غاية المنى بالنسبة لي.

امنحْ خبرتك دون توقعات

امنح دائمًا خبرتك ومعرفتك ووقتك للناس، حتى لو كنت على يقين أن ذلك لن يؤدي على الفور إلى تكوين رابطة عمل. بمجرد أن تترك انطباعًا جيدًا، سيتذكرونك دائمًا وسيحيلون العملاء إليك. يستحيل على المرء أن يتوقع ما يحدث – قد يؤدي مجرّد تصرفٍ صغير إلى حصادِ نجاحٍ كبير.

لتوضيح وجهة نظري، دعني أروي لك قصةً عن أحد عملائي. اتصلتْ بي امرأة إيطالية – تبلغ ٥٥ عامًا من العمر تقريبًا – عصر أحد الأيام لمشاهدة شقة من ثلاث غرف. كانت المكالمة قصيرة ووافقتْ على الاجتماع عند الثالثة عصرًا. أريتها العقار، ثم احتسينا كوبًا من القهوة ونزلنا إلى الشاطئ، حيث تحدثتُ عن حياتي وكيف انتهى بي المطاف هنا. لاحِظْ إنني أتحدث دائمًا مع عملاء وكأنني أتحدث مع أصدقائي؛ فهذا الأمر يكسر حاجز الجليد ويجعل الجميع مرتاحين؛ ويؤدي دائمًا إلى علاقة رائعة.

وهكذا، مرّتْ ثلاث ساعات مع هذه العميلة دون أية توقعات بشأن صفقة تلوح في الأفق؛ كنت ببساطة أستمتع بالمحادثة اللطيفة. فأنا أتحدث معها عن حياتي، وهي تفعل الشيء نفسه، وإذ بها تتلقى مكالمة من زوجها يقول فيها إنه انتهى من العمل وهو في طريقه لمقابلتنا.

تبيّن بعد ذلك أنّ زوجها هو الرئيس التنفيذي لشركة أوروبية يُقدّر رأسمالها بمليارات الدولارات وهو رجلٌ نبيل ذو أخلاق عالية أصبح لاحقًا عميلاً لي وأحال لي الكثير من أصدقائه. دائمًا ما ينتهي بك المطاف في حصادِ ما تزرع؛ من المفيد أن تبذل أقصى ما لديك من جهد وتتعرّف على الناس،

وتتجاذب أطراف الحديث معهم. هذه مجرد واحدة من العديد من القصص التي بذلتُ فيها بعض الوقت فقط وحصدت مكافآتٍ كبيرة.

إنني أكتب هذا الكتاب لمساعدة أبناء جيل الألفية مثلك ومثلي - الأشخاص الذين يتمتعون بأحلام عظيمة وبشغف كبير للنجاح في حياتهم - ليتولوا مسؤولية قيادة حياتهم ويؤمّنوا مستقبلهم من خلال كسب العوائد في مجال العقارات. لذا، اقلب هذه الصفحة وانطلق في الرحلة معي كي أشاركك الصيغة السرية - ثالوث النجاح.

الفصل ٢

اليقظة

تغذية الروح هي الخطوة الأولى نحو إحداث التغيير.

بادئ ذي بدء، أود أن أهنئك على شرائك هذا الكتاب. فهذا مؤشر على أنك ترغب في تغيير حياتك وفي أن تصل إلى أفضل صورة ممكنة. في الأساس، كي يحدث تغيير ما، لا بدّ من اتّخاذ قرار في هذا الشأن؛ إن تابعتَ خطواتك واحدة بعد أخرى، وثابرتَ على متابعة الطريق، ستصل إلى هدفك بلا أدنى شك. ينظر مظم الناس إلى التغيير على أنه أمر مخيف. لا يُعَدّ هذا الخوف أمرًا مستغربًا فهو طبيعةٌ بشرية. مفتاح النجاح هو أن تنبع رغبتك في تحقيقه من أعماق روحك، وسيوضح لك هذا الفصل الخطوة الأولى في هذا المجال.

يتمتع جسم الإنسان بميزات ساحرة؛ من أهمّها إمكانيته على التكيّف. يمكنك التخلص من أية عادة عن طريق اتخاذ إجراء معين باستمرار لمدة ٢١ يومًا. دعني أطرح لك المثال التالي: تحتوي علبة السجائر على ٢٠ سيجارة فقط، لا أكثر، لأن تدخين ٢١ سيجارة من المحتمل أن يؤدي إلى الإدمان.

ينطبق هذا الأمر على كل شيء في الحياة عند تنفيذه على أساس ثابت. لذا، إن أول شيء يجب علينا القيام به في طريقنا نحو التغيير هو أن نفهم ونعترف بحقيقةِ أنّ ما نحن عليه الآن ليس ذنْب أحد – ليس ذنب البلد، ولا عائلتك، ولا أصدقائك، ولا ثقافتك.

أقلِع عن المفاهيم الخاطئة

من أجل اتخاذ الخطوات الأولى نحو بناءِ أفضل نسخة من نفسك، عليك أن تتخلى عن بعض المفاهيم الخاطئة الشائعة. فيما يلي بعض المعتقدات المنتشرة كالنار في الهشيم والتي لا تعدو كونها سببًا في إعاقتك عن الوصول إلى هدفك – ولن تتمكن من تغيير شيء في حياتك إلى أن تتخلى عنها. دعنا نلقي نظرة سريعة عليها.

الفكرة الخاطئة رقم ١: لا غنى عن أن أكون محظوظًا لكي أكون ناجحًا في الحياة. إن الأشخاص الأكثر نجاحًا – بغضّ النظر عن منصبهم أو مجال عملهم أو مدى ثرائهم – لم يصنعوا تلك الإنجازات الهائلة لمجرد أنهم محظوظون. كما أن أولئك الذين لم ينجحوا في حياتهم ليسوا مجرّد أشخاصٍ يعانون من الحظ السيء. لقد حوّل هؤلاء الناجحون أحلامهم إلى حقيقة ملموسة لأنهم كانوا مصممين على ذلك. لم يسمحوا لأية عقبة أن تعترض طريقهم. لا علاقة للنجاح بالحظ – فأنت ببساطة تحصد ما تزرع.

الفكرة الخاطئة الثانية: أنا بحاجة إلى المال لكسب المال. غير صحيح! أنت بحاجة إلى الشجاعة لكسب المال. كما حالُ الكثيرين من قبلي، لقد أقدمتُ على مغامرةٍ ضخمة للوصول إلى ما أنا عليه اليوم. كان عليّ أن أقدّم

التضحيات، والأهم من ذلك كله، كان عليّ أن أؤمن بنفسي. لم يكن الأمر يسيراً بالطبع. لقد مرّتْ عليّ أوقات كنت أخشى فيها ألا أنجح في تحقيق هدفي، لكنني تسلّحتُ بالشجاعة، ولم أستسلم أبدًا، لأنني كان لديّ رؤية ولم أكن أسمح لشيء في هذا العالم أن يَحُوْل بيني وبين الوصول إلى ما أصبو إليه؛ ولم أكن لأسمح للتشكيك بالذات على وجه التحديد أن يهزمني.

الفكرة الخاطئة الثالثة: لا بدّ لي من أن أعيش كل يوم بيومه متمنيًا حدوث الأفضل. عندما قررتُ في مكتب ذلك الرئيس التنفيذي إنني سأواصل السعي للحصول على ما أريد، كنت أعلم أنني لا بد لي من وضع خطة. فكرت في المكان الذي أريد أن أصل إليه وبدأت في تحديد الخطوات التي يجب أن أتخذها للوصول إلى غايتي. كنت كثيراً ما أواصل العمل إلى ساعة متأخرة، وأباشر منذ الصباح الباكر في اليوم التالي، كما أنني كنت أضع الكثير من الخطط البديلة. الطريقة الوحيدة للتقدم نحو ما تريد هي التخطيط المسبق – لا يمكنك الاعتماد على الارتجال. لا شيء يأتي بالصدفة. يتعلق الأمر برمّته بالتخطيط الدقيق وتحديد الأهداف.

أنت وحدك المسؤول عن حياتك، وعليك أن تسعى جاهدًا لتطوّر إمكانياتك لترتقي إلى أفضل نسخة من نفسك كي تتمكّن من الوصول إلى هدفك المنشود، حتى لو كان ذلك يعني التخلّي عن المعتقدات التي تعفيك من المسؤولية عندما لا تسير الأمور على هواك. إذا لم تكن قد حقّقت ما تريد بعدْ، فلا بدّ لك من أن تُجري تغييراً في منهجية حياتك. ولكي تحقق هذا التغيير، عليك أن تبدأ بالاعتناء بنظامك الغذائي. وعندما أقول «نظامك الغذائي»، فأنا لا أعني الطعام الذي تتناوله فقط، بل أقصد أيضًا الأفكار التي تغذّي عقلك بها، والبيئة التي تحيط نفسك بها، والأهم من ذلك؛ المعتقدات التي تغذي روحك بها.

لذلك، سأوضّح لك في هذا الفصل كيفية اعتنائك بنظامك الغذائي عن طريق تقسيمه إلى ثلاثة أقسام تشكّل ثالوث النجاح، والذي يتضمّن شحذ العقل، وشحذ الجسد، وشحذ الروح.

ثالوث النجاح

لعب تعلّمُ ثالوثِ النجاح وتطبيقُه في حياتي نقطة الانعطاف الرئيسية في مسيرتي. يمكنني أن أقول لك الآن بكل يقين إنه أمرٌ مضمونُ النجاح. فكّر في حياتك على أنها مقسمة إلى ثلاثة مجالات: العقل والجسد والروح. لكي تعيش حياةً ناجحة وصحية وسعيدة، لا بدّ لك من أن توازن بين هذه العناصر الثلاثة. هذا ليس مفهومًا جديدًا بالطبع، لكنه مفهوم سيغيّر حياتك. كيف أعرف ذلك؟ لأنه غيّر حياتي تغييرًا جذريًا. قبل مجيئي إلى دبي، كنت أعيش نمط الحياة الصاخب المليء بالحفلات. كان كل ما أحتاجه يصل إلى خدمتي دون أية مسؤولية على عاتقي. لم أكن مضطرًا للقلق بشأن تحقيق أية أهداف أو بشأن تناول الطعام بشكل جيد – كنت حياتي تتمحور بكاملها حول أن أعيش اللحظة وأستمتع بالحياة. لكن عندما أتيت إلى دبي، وبدأت الأمور تزداد صعوبة، أدركتُ ضرورةِ إجراء تغييرٍ ما في حياتي. لم أكن راضيًا عن ذاتي قبل أن أكتشف ثالوث النجاح. لم يكن لديّ الدافع الذي أملكه اليوم. أما الآن، فأنا أقول للناس كل يوم إن ثالوث النجاح هو الطريقة الوحيدة لتحقيق أهدافك في الحياة.

أولاً، عليك أن تغذّي عقلك. لا بدّ لك من أن تضع لنفسك هدفًا يعطي لحياتك معنىً. ثم عليك أن تغذّي جسمك. وهذا يمنحك الطاقة التي تحتاجها لتزويد

المجالات الأخرى بالوقود. بعد ذلك، تغذّي روحك؛ مما سيمنحك القوة لمتابعة أحلامك. إياك أن تنسى أنه لا يمكنك التركيز على مجال أو مجالين فقط - فالثالوث ثلاثي المجالات. لكي تحقق النجاح من هذا الثالوث، لا بدّ لك من أن تحقق التوازن بين المجالات الثلاثة. إليك فيما يلي كيف تفعل ذلك.

غذاء العقل

عندما نكتب شيئًا ما على قطعة من الورق، تعمل أدمغتنا وفقًا لطريقة سحرية - وخاصة العقل الباطن. لا نستيقظ كل يوم في حالة ذهنية متّقدة بحيث أننا نتوق إلى القفز من السرير والانطلاق إلى العمل. لكنْ عندما تكون أهدافنا واضحة بين أعيننا، يكون لدينا محفّزٌ رئيسي للمضي قدمًا، بغض النظر عن الظروف. حتى لو كنا لا نشعر بأية رغبة في مقابلة الناس والتواصل معهم، فإن رؤية أهدافنا نُصب أعيننا تذكّرنا بسبب خوضنا كل هذا الجهد والسبب الذي يدفعنا إلى التغيير.

من الأهمية بمكان معرفة ما نريده من الحياة - وليس فقط ما نحتاجه - من أجل تحقيق أحلامنا العظيمة. إياك أن تضع سقفًا منخفضًا لأهدافك، لأنك يمكنك تحقيق أي شيء تريده من صميم قلبك. دعني أطرح مثالاً عن الأهداف - يمكن للأهداف أن تكون أي شيء، بدءً من امتلاك سيارة أو منزل إلى كسب ١٠ ملايين دولار أو ١٠٠ مليون دولار، إلى التنعّم بأسرة جميلة وحياة مستقرة، وما إلى ذلك. مهما كانت أهدافك، اكتبها في قائمة على ورقة وألصقها في مكان ما حيث يمكنك رؤيتها كل يوم. عندما تستيقظ،

ستكون أحلامك أمام ناظريك، على خزانتك، أو على الجدار، أو على مكتبك، أو أي مكان آخر. بغضّ النظر عن المكان الذي تختاره لإلصاق قائمتك، تأكد من أن تراها يوميًّا، لتذكّر نفسك بسبب كل هذا الجهد الذي تبذله.

إذًا، دعونا نشحذ عقولنا ونقتنص طريقة التفكير الناجحة! فبقدر ما تصدّق أنك ناجح، تكون كذلك. والدليل هنا بين يديك – لقد اشتريتَ هذا الكتاب وها أنت ذا تنفق وقتك في قراءته كي تغيّر حياتك. في نهاية هذا الفصل، ستجد مساحة مخصصة لك كي تبدأ في صياغة أهدافك؛ أريدك أن تستخدم هذه المساحة كأداة لتجعلك تفكر فيما تريد إنجازه.

غذاء الجسم

عندما يتعلق الأمر بجسمنا، لا بد لنا من أن نهتمّ بتناول الغذاء المفيد والابتعاد عن الوجبات السريعة الضارة. لا بدّ لنا من الابتعاد عن عادات النوم السيئة ومن وضْعِ أنفسنا على المسار الصحيح. إذا كنا منخرطين في ممارسة عادات تؤدي إلى نتائج عكسية تتعارض مع أهدافنا، فلا بد لنا من أن نتخلص منها ونبحث عن عادات صحيّة بديلة. لكلٍ منّا طبيعة جسدية مختلفة؛ إذ يحتاج البعض خمس ساعات من النوم، بينما يحتاج البعض إلى ست أو سبع ساعات، بل إن بعضنا قد يحتاج إلى ثماني ساعات من النوم. وبغضّ النظر عن طبيعة جسمك، أريدك أن تنام قبل منتصف الليل وتستيقظ قبل شروق الشمس. لا بدّ أننا جميعًا قد سمعنا القول المأثور العصفور المبكر يحصل على الدودة. إياك أن تنسى أنك لست هنا لتكون شخصًا عاديًا – أنت هنا لتصبح مثالاً يُحتذى للإنسان الناجح.

بمجرد أن تستيقظ، وبغض النظر عما تشعر به، عليك أن ترتّب سريرك. ستكون هذه أول مهمةٍ أو إنجازٍ تبدأ به يومك. ثم عليك ممارسة الرياضة، سواء كان لديك صالة ألعاب رياضية في المبنى الذي تسكنه أم لا. اخرجْ من المنزل وامشِ في الشارع لمدة لا تقل عن ٣٠ دقيقة إلى أن يبلّلك العرق – سيمنحك هذا الأمر شعورًا رائعًا ويمنح طاقتك دفعة كبيرة تدوم طوال اليوم.

يجب أن تلتزم بتنفيذ ذلك باستمرار لمدة ٢١ يومًا؛ بعد ذلك، سيبدأ جسدك في إخبارك بطريقته الخاصة، أنا بحاجة إلى التمارين الرياضية. أما بالنسبة للأطعمة المصنّعة والسكريات، فستجعل جسمك متعبًا؛ إذ أنها ستجعلك تشعر بالكسل والنعاس. قد يكون مذاقها لذيذًا، لكنها سامة، لذا ابتعد عنها قدر الإمكان.

وأخيرًا، احرص على شرب لترين من الماء يوميًا. تأكّدْ من تناولك ما يكفي من الفاكهة والخضروات – وابتعد عن الأطعمة المقلية. ولكن، يمكنك الحصول على «وجبة غش مخالفة للقواعد» مرة في الأسبوع لمكافأةِ نفسك.

غذاء الروح

يلعب محيطك دورًا مهمًا جدًا لما له من تأثير مباشر على عقليتك. لذا أريدك أن تنأى بنفسك بعيدًا عن الأشخاص السلبيين الذين يسمّمون حياتك، سواء كانوا زملاءَ عمل أو أصدقاء أو حتى أفرادًا من العائلة. إذا كنت تتساءل عن كيفية اكتشاف هؤلاء الأشخاص، دعني أساعدك. الأشخاص السلبيون:

- دائمًا غاضبون؛
- جاحدون للجميل؛
- دائمًا لديهم تعليقات سلبية أو شيء سيء بشأنك أو بشأن الآخرين؛
- يتحدثون عن الأشخاص الآخرين طوال الوقت؛ و
- يتّسمون دائمًا بالفضولية ويريدون معرفة شؤون كل من حولهم، على الرغم من أن ذلك أمر لا يعنيهم.

كلما استطعت الابتعاد عن هذه الأنواع من الناس، كانت أحوالك أفضل. عندما يرون أنك تتعلّم أن تكون أفضل مما كنت عليه، ستجدهم يحاولون إحباطك بقول أشياء من قبيل: «كل أحلامك مزيّفة، يستحيل عليك أن تحققها».

هناك عدد قليل فقط من الناس في هذه الحياة يتحلّون باليقظة الكافية ليكونوا قادرين على إحاطة أنفسهم بأشخاص يشبهونهم في التفكير، أو على الأقل أشخاص يضعون لأنفسهم الأهداف ذاتها في الحياة. لكنّ خيرَ بدايةٍ تستهل بها حقًا هي القضاء على أولئك الذين يتمترسون في موقف معارض لما تحاول إنجازه – هؤلاء الأشخاص الذين يعتبرون فشلك أكبر رغبة لهم في حياتهم.

لقد انتهينا الآن من إلقاء الضوء على النظام الغذائي لعقلك وجسدك وروحك. فدعنا نبدأ في شرح أساسيات مهنة الوساطة العقارية، وعلى رأسها يأتي البحث عن العملاء المحتملين. هل أنت جاهز؟ إذا كنتِ كذلك، فانتقل معي إلى الفصل التالي.

أهدافي

استخدم هذه الصفحة لوضع مخططٍ لبعض أهدافك. تذكّر أن الأهداف قابلة للتغيير؛ يمكنك مراجعة هذه القائمة في أي وقت. هذه مجرد نقطة انطلاق لا أكثر. قد تصبح أهدافك أكبر أو تتخذ منحىً مختلفًا عما كنت تعتقده عندما انطلقتَ فيها أول مرة، ولا بأس في ذلك على الإطلاق.

لماذا اخترتَ هذا المجال؟

مُد حياتك

ما الذي تود تحقيقه في هذا المجال؟
على المدى القصير (٣ أشهر):
على المدى المتوسط (٦ أشهر):
على المدى الطويل (١٢ شهرًا):

الفصل ٣

البحث عن العملاء المحتملين

كلما كانت شبكة علاقاتك أوسع، حقّقتَ نجاحًا ماليًا أكبر.

ستتعرّف في نهاية هذا الفصل على كيفية التعامل مع الأشخاص بنجاح. سأقدم لك جميع الطرق المختلفة للبحث عن العملاء المحتملين، وهو أمر يلعب دورًا شديد الأهمية في تأمين الصفقات العقارية الناجحة؛ بل إنه يغطي في الواقع ما يقرب من ٥٠ ٪ من حجم العمل.

سأخبرك في بادئ الأمر كيف قابلتُ أكبر عملائي حتى الآن خلال السنوات الست التي أمضيتها في هذه الصناعة. لقد سارتْ القصة على النحو التالي: كنت مدعوًا إلى فعالية اجتماعية؛ لم أكن أشعر حقًا بالرغبة في الذهاب إلى هناك أو التحدث إلى الناس، لكن أصدقائي كانوا يدفعونني إلى الذهاب دفعًا. لذلك تمكّنت من إجبار نفسي على النهوض والذهاب إلى الفعالية. كنت أرتدي ملابس لائقة؛ ومعي بعض بطاقات العمل؛ ذهبت إلى هناك، وبدأت في الاندماج مع المدعوين. فجأة، سمعت شخصًا خلفي يتحدث بلغة بلدي

الأم: العربيـة اللبنانيـة الصافيـة. التفتـت لأرى مـن هـو – هـل يمكنـك أن تخمـن الأمـر؟ كان هـذا الرجـل مـن مدينـة قريبـة مـن مدينتـي. لذلـك، تبادلنـا أطـراف الحديـث، وسـألني عـن عملـي. فأخبرتـه إننـي أعمـل في مجـال العقـارات وأبلغتـه عـن نـوع الخدمـات التي أقدّمها. ثـم تبادلنا أرقـام الهواتـف، ولم تصلنـي أية أخبار منـه منـذ ذلـك الحين.

لكـن بعـد شـهر، تلقيـت مكالمـة هاتفيـة مـن أحدهـم. قـدّم نفسـه لي وأخـبرني أنـه حصـل علـى رقمـي مـن ذلـك الشـخص الـذي التقيـت بـه في تلـك المناسـبة، كـما أعـرب عـن رغبتـه في مقابلتـي. ومنـذ ذلـك الحـين، أجرينـا عـددًا هائـلاً مـن الصفقـات؛ كـما أننـا صممنـا محفظـة اسـتثمارية لـه أيضًـا – وقـد أنعـم اللـه علـيّ منـذ ذلـك الحين.

عندهـا أدركـت حقًـا أهميـة ارتيـاد الفعاليـات والمشـاركة فيهـا، إذ في كل مناسـبة تحضرهـا، يمكنـك اعتبـار كل شـخص حولـك عميـلاً محتمـلاً، فإيـاك أن تفـوّتَ فرصـة الذهـاب إلى فعاليـات كهـذه ومقابلـة أشـخاص مـن هـذا القبيـل. لا بـد لـك مـن الذهـاب إلى هنـاك والاندمـاج في محادثـات والتواصـل مـع الموجوديـن وتوسـيع نطـاق علاقاتـك الاجتماعيـة كي تكـون ناجحًـا في هـذه الصناعـة. نطلـق علـى هـذا الأمـر اسـم «البحـث عـن العمـلاء المحتملين». إذن، مـا هـي أنـواع عمليـة البحـث عـن العمـلاء المحتملـين وكيـف نمـارس ذلـك علـى أرض الواقـع؟

الأنواع المختلفة للبحث عن العملاء المحتملين

هناك خمس وسائل للبحث عن العملاء المحتملين:

- فعاليات التواصل الاجتماعي؛
- المكالمات الهاتفية، أو ما نسميه «الاتصال البارد»؛
- رسائل الواتسآب، أو ما نسميه «الرسائل النصية الباردة»؛
- رسائل البريد الإلكتروني؛
- وسائل الإعلام الرقمية.

فدعنا الآن نتناول كل وسيلة من هذه الوسائل بالتفصيل.

فعاليات التواصل الاجتماعي

لا يمر أسبوع دون أن تُقام إحدى الفعاليات الاجتماعية، وغالبًا ما يكون ذلك في عطلات نهاية الأسبوع. قد يكون ذلك معرضًا فنيًا، أو تجمعًا للأعمال؛ قد يتعلق الأمر بالخدمات المصرفية أو المالية أو أي شيء آخر. كما يمكن أن تُعقد هذه الفعالية في أي مكان في البلاد. تضمّ جميع فعاليات التواصل الاجتماعي هذه أشخاصًا من صناعات متعددة، إذ تجد المقاولين، والمطورين، ومندوبي المبيعات، وموظفي التأمين، وما إلى ذلك.

ما عليك القيام به هو الانضمام إلى هذه الفعالية. ودائمًا، وعلى طول الخط لا تنسَ القاعدة رقم واحد: ارسم ابتسامة كبيرة على وجهك. إياك أن تنسى اصطحاب بطاقات العمل؛ إذ إنك لا تعرف من قد تصادف هناك. وخلال الفعاليات، انتبه إلى أن تتجاذب أطراف الحديث مع الموجودين، وأن تطرح أكبر كمٍّ ممكنٍ من الأسئلة، وأن تكون ودودًا. لا تفعل ذلك من أجل اجتذاب المزيد من الأعمال. حاول فهم احتياجات الناس ومشاكلهم حتى تتمكن من استيعاب ما يمكنك تقديمه لهم على سبيل تقديم الحل المناسب.

من الأهمية بمكان أن تلتزم بهذا السلوك قدر الإمكان، وأن تترك انطباعًا أوليًا رائعًا كي تطبع صورتك في أذهان الناس كشخص لطيف المعشر، وحسن المظهر، ومعسول الكلام، ومهذب، وودود؛ حاول أن تقدّم نفسك كشخص يمكن الاعتماد عليه.

الاتصال البارد

يسيء الكثير من الأشخاص استخدام طريقة البحث عن العملاء المحتملين هذه عن طريق الاتصال بالأشخاص على نحوٍ عشوائي، وقَوْل أشياء من قبيل «مرحبًا، إنني أتصل بك لأعرف ما إذا كنتَ تريد شراء/ بيع/ القيام بذلك...» لا تكن هذا الشخص. هذا هو السبب الكامن وراء كراهية معظم الناس للاتصال البارد. ومع ذلك، يمكن أن يتغير الوضع إذا كنت ستقدم له شيئًا جميلاً.

لنفترض أنك تتصل بعدد كبير من أفراد قاعدة بيانات المالكين في مبنى معين. لا تبدأ اتصالك بعبارة «مرحبًا، أنا أتصل بك لمعرفة ما إذا كنت ترغب

في تأجير أو بيع منزلك.» بدلاً من ذلك، قم بأداء المطلوب على أحسن وجه من خلال الذهاب إلى المبنى، والتحدث مع حراس الأمن، ومعرفة الشقق الشاغرة. وبمجرد أن تعرف أيّها شاغر، اتصل بالمالك. قلْ، «مرحبًا. كنت في المبنى اليوم أصطحبُ زوجين رائعين لرؤية شقة مشابهة لشقتك، تتمتع بالإطلالة ذاتها ولكن في طابق أدنى. وقد أحبّا الشقة فعلاً وهما يتحرّقان شوقًا للانتقال إليها. وأنا أتساءل عمّا إذا كنتَ ترغب في تأجير شقتك أيضًا، وإذا كان الأمر كذلك، فما السعر الذي يناسبك؟ » سيصغي هذا المالك إليك باهتمام لأنه يعلم أنك لديك عرض فعلاً وأن لديك بالفعل صفقة على الطريق؛ مما يجعله على الأرجح يعاملك باحترام على الفور. لن ينزعج من مكالمتك الهاتفية كما لو كنتِ تسأله ببساطة عما إذا كان لديه شيء جاهز للبيع أو الإيجار. ليس هذا فحسب، ولكنك بالفعل على دراية بالمبنى، مما يعطيك أفضلية في إيجاد مستأجرين أو مشترين. وبمجرد أن يكون لديك أكثر من مالك واحد في المبنى ذاته، فستحصل على المزيد والمزيد من القوائم بالعقارات المتاحة، مما يعني المزيد من الأعمال.

الرسائل النصية الباردة

من المهم جدًا معرفة كيفية إرسال رسالة نصية إلى عميل محتمل. يمكن لأي شخص أن يقول «مرحبًا» لشخص آخر، ويمكن للجميع إرسال رسالة طويلة مملة بحيث لا يرغب أحد في قراءتها. عندما يتعلق الأمر بالرسائل النصية الباردة، احرص على إرسال المحتوى ذاته الذي تعتمده عبر الهاتف، ولكن أرسله على واتساب، مخاطبًا الشخص باسمه. يمكنك على سبيل المثال أن تكتب:

مرحبًا إريك، أنا أنتوني. كنت في المبنى اليوم مع زوجين رائعين شاهدا شقة مثل شقتك تمامًا. ولقد أعجبا بها أيّما إعجاب، وهما يتحرقان شوقًا للانتقال إليها. أنا أبحث عن شقق أخرى متاحة ويمكنني أن أقدم لك المعايير ذاتها التي قدمتها لمالك هذه الشقة.

بل يمكنك أيضًا تقديم لمحة موجزة عنك بحيث تذكر بالعموم إنجازاتك وخبراتك في هذا المجال لتعزيز مصداقيتك. يتيح ذلك للعميل معرفة أنك مختلف عن غيرك؛ فأنت لست مجرد وكيلٍ كباقي الوكلاء الذين لا حدّ لعددهم في السوق، بل أنت الخبير في هذا المجال. كما يمكنك أيضًا استخدام واتسآب لتحميل ملف إنجازاتك وكتيباتك أو لتوجيه المتلقي إلى صفحاتك على الوسائط الاجتماعية للحصول على مزيد من المعلومات.

رسائل البريد الإلكتروني

تُعَدّ رسائل البريد الإلكتروني أكثر إفادة. لكن لا تنسَ تضمين توقيعك أسفل الرسالة، محتويًا اسمك وبياناتك. سيتيح هذا للمستلم معرفة الشركة التي تتواصل معه.

ومن جديد، يمكنك تعزيز مصداقيتك من خلال إلقاء الضوء على إنجازاتك وخبراتك في المجال؛ لكن احذر من جعل المستلم يضجر بسبب إغراقه بالتفاصيل. لا تتردد في تضمين الصور لجعل بريدك الإلكتروني أكثر جاذبية للعين. وإذا شعرت أن كتابتك تفتقر إلى التأثير، فيمكنك دائمًا الاستعانة

بمؤلف إعلانات أو كاتب محتوى لمساعدتك.

وسائل الإعلام الرقمية

تتضمن الطريقة الأخيرة استخدام وسائل الإعلام الرقمية. أصبح الناس أكثر ميلاً إلى المرئيات في وقتنا الحالي. فهم يحبون أن يروا شيئًا ملموسًا. لذا يُعدّ محتوى الفيديو أفضل طريقة للوصول إلى هؤلاء الأشخاص. كل ما عليك فعله هو التقاط هاتفك وفتح الكاميرا وتسجيل رسالتك. لنفترض أنك أرسلت إلى عميلك رسالة نصية عبر واتسآب، ولم يرد عليك مطلقًا. أو أنك أجريت مكالمة هاتفية أو أرسلت بريدًا إلكترونيًا، لكنك لم تتلقّ منه أي رد؛ فهذا يعني أن وسائل الإعلام الرقمية ستكون ملاذك الأخير.

يمكن أن يكون ما ستقوله في الفيديو مشابهًا تمامًا لما تكتبه في رسالة نصية أو بريد إلكتروني؛ ابدأ بمخاطبته شخصيًا – ولا تنس أن تجعل التسجيل مختصرًا ولطيفًا. وصدقني، بمجرد أن يشاهد الفيديو سيرد، حتى لو لم يكن مهتمًا بإجراء صفقات تجارية أو لم يكن لديه أي شيء متاح للبيع أو الإيجار. يعود سبب ذلك إلى أنه سيشعر أنك قمت بتخصيص رسالتك له بالذات، ولا بد له من الاعتراف بجميل ذلك. إنني استخدم هذه الطريقة وأجد لها تأثير السحر بالنسبة لي.

لا تنسَ أنه من المهم بمكان أن يكون لديك صفحة على فيسبوك وصفحة على إنستاغرام وصفحة يوتيوب. تأكد من تغطية جميع القواعد الأساسية؛ إذ كما هو الحال في جميع الأمور، لكل شخصٍ ما يفضله عندما يتعلق الأمر

بوسائل التواصل الاجتماعي. إذا أردتَ النجاح، فلا بد لك من التواجد على مجموعة متنوعة من المنصّات الرقمية حتى تتمكن من التواصل مع جميع العملاء المحتملين. سنتحدث بالتفصيل عن منصات الوسائط الاجتماعية الفردية في وقت لاحق، ولكن في الوقت الحالي، لاحِظْ أن وسائل التواصل الاجتماعي تُعدّ أداة أساسية للنجاح في بيئتنا المعاصرة. لمزيد من الأفكار حول استخدام الوسائط الرقمية والاجتماعية، يمكنك الاطلاع على ملفات البودكاست التي أقدّمها، كما يمكنك إلقاء نظرة على أكاديميتي عبر الإنترنت، حيث يمكنك الحصول على التفاصيل المطلوبة في نهاية هذا الكتاب.

ما سبب الأهمية الكبيرة التي يتمتع بها البحث عن العملاء المحتملين؟

قبل أن نتابع رحلتنا في هذا الكتاب، أودّ أن أخبرك ببعض القصص عن البحث عن العملاء المحتملين. بطبيعة الحال، هناك عدد لا محدود من القصص التي تنطوي على البحث عن العملاء المحتملين؛ فهو أمر يحدث كل يوم. إلا إنني ما زلت أذكر إحدى هذه القصص وكأنها حدثت البارحة. اتصلت بأحدهم، وما أن ذكرت اسمي وأوضحت الغرض من اتصالي، إذا به يغلق السماعة في وجهي على الفور. وبعد فترة وجيزة، عاود الاتصال بي مجددًا، وقال لي، «هل أنت أنتوني نفسه الذي لديه ملف شخصي مذهل على إنستاغرام؟ وهل قمتَ بكل صفقات البيع تلك حقًا؟ » ثم تابع، «يا إلهي، إني أقدّم لك بالغ اعتذاري. لقد اعتقدت إنك ستكون أحد أولئك الوكلاء المزعجين! لقد سمعت الكثير عنك. أخبارك موجودة في جميع وسائل التواصل الاجتماعي. إنني أتشوق للاجتماع بك ويشرفني أن أمنحك محفظتي الاستثمارية بالكامل

لإدارتها».

كان هذا الرجل يمتلك أكثر من ٢٥ وحدة سكنية، وها قد حصلتُ على هذا العمل المضمون. هذه هي قوة وسائل التواصل الاجتماعي: كان هذا الرجل يعرفني بالفعل قبل أن أقول كلمة واحدة.

أما القصة الأخرى التي أريد أن أرويها لك فتخصّ زميلي. كان يحاول جاهدًا التواصل مع أحدهم على واتسآب، لكن الرجل لم يرد. وإذ به يعلم أن هذا الشخص سيكون في إحدى فعاليات التواصل الاجتماعي، لذلك قرر الذهاب إلى هناك وانتظار قدومه. وفي نهاية المطاف، تقابلا، فأخبره قائلاً، «لقد حاولت التواصل معك بكل الطرق المتاحة؛ ولم تتركْ لي أيّ خيار سوى اقتحام هذه الحفلة لأتمكن من التحدث إليك». وجد هذا الرجل الأمر ظريفًا وملفتًا للانتباه. بل أعتقد أنه ربما أُعجب بما بذله صديقي من مجهود لمقابلته، لكن الأمر كان يستحق كل هذا العناء. إذ، هل تعرف ماذا حدث في نهاية الأمر؟ لقد انتهى بهما المطاف بإبرام صفقات مبيعات تفوق قيمتها ١٥ مليون دولار.

هناك عدد لا يُحصى من القصص الممتعة بشأن البحث عن العملاء المحتملين والتي يمكنني إخبارك بها حتى الصباح، لكن دعنا نتوقف عند هذا الحد الآن. المغزى الذي نستخلصه من هذه القصص هو أن البحث عن العملاء المحتملين يمثّل ٥٠٪ من إنجاز العمل. وعندما تبحث باندفاعٍ من صميم قلبك، فلا بد لك من النجاح في مسعاك. لكن، لا تنسَ أن تحافظ دائمًا على ابتسامةٍ عريضةٍ على وجهك، وأن تسلك السلوك الصحيح، ولا بد أن تعرف كيف تتعامل مع الرفض الذي قد تواجهه بصرف النظر عن سببه.

لذا، لنوجز هذا الفصل، يمكننا أن نركّز على أهميةِ ألّا تنسى أبدًا أهمية البحث عن العملاء المحتملين، وأن تستمر في ممارسته! وكلما بذلتَ جهدًا أكبر، كانت النتيجة أفضل. في نهاية المطاف، سيصبح كل شيء أسهل وستصبح باحثًا محترفًا في هذا المجال. نعم، قد تكون مكالمتك الهاتفية الأولى صعبة. لكن الثانية ستكون أسهل، والثالثة أسهل بكثير. وبالنسبة إلى أولِ مكالمةٍ تبدأ بها يوم عملك، تأكدْ من الاتصال بشخص تعرفه بالفعل كشكل من أشكال تمرين الإحماء؛ فيما بعد، يمكنك أن تبدأ يومك في الاتصال بالغرباء حيث تكون قد بنيت ثقتك بنفسك ووجدت إيقاعك المناسب.

أعيروني سمعكم يا رفاق: لا يحاول أحدٌ هنا أن يحكم عليك أو يخبرك أنك لست جيدًا فيما تقوم به؛ كل ما عليك فعله هو أن تجد شخصيتك التي تعبّر عنك. حتى لو كنتَ خجولاً عند الحديث أمام الكاميرا، يجب أن تخبر نفسك أنك لا تهتم برأي أحد، إذ إنك في نهاية المطاف، لن تتمكن من دفع الفواتير اعتمادًا على رأي شخص ما. لذا، كل ما عليك أن تفعله هو أن تتدرب جيدًا وتحاول – إذْ، لم يولد أحدٌ يعرف كل شيء. علينا جميعًا أن نتعلم من خلال التجربة والخطأ، بغضّ النظر عن المجال الذي نعمل فيه. لذا استمر في المحاولة، واستمر في التدريب، وستصبح الأفضل على الإطلاق. والآن، دعنا ننتقل إلى الفصل التالي، حيث سأعلمك كيفية العثور على أشخاص عبر الإنترنت وجعلهم يتواصلون معك.

الفصل ٤

الحصول على قوائم بالعقارات المتاحة

لا تصدق حتى ترى.

كما ذكرتُ سابقًا، يشكّل البحث عن العملاء المحتملين ٥٠٪ من الأعمال؛ أما الـ ٥٠٪ المتبقية فهي قوائم العقارات المتاحة. ستتعلم في هذا الفصل كيفية تأمين قوائم العقارات المتاحة باستخدام مجموعة متنوعة من القنوات والأساليب المختلفة.

هل سبق لك أن تساءلت عن سبب تلقّي زميلك الكثير من المكالمات الهاتفية، أو عن سبب نجاح شخصٍ محدد ناجحًا باهرًا، بينما لا يحقق ذلك شخص آخر؟ حسنًا، يعود السبب في كل هذا إلى قوائم العقارات المتاحة. دعني أخبرك عن سبب الأهمية البالغة لهذه القوائم في عملنا.

بمجرد حصولك على قوائم بالعقارات المتاحة، سواء كانت قوائم فردية أو

قوائم حصرية أو قوائم متعددة، فسيعزّز هذا الأمر من فرص تعرّف الناس عليك. لذلك، عندما يبحثون عن منازل، ستظهر أنت لهم على شاشات حواسيبهم. هناك العديد من القنوات للحصول على هذه القوائم، بما في ذلك قواعد البيانات، وتنبيهات الرسائل القصيرة، وحراس الأمن، وإدارة المرافق، وتناقل الأخبار شفهيًا، وهذه فرصة لأؤكد مجددًا على أهمية وسائل التواصل الاجتماعي دائمًا. سنغطي فيما يلي كل من هذه القنوات.

دعني أخبرك أولاً عن نوعَي قوائم العقارات المتاحة. النوع الأول هو القوائم الحصرية؛ حيث يمنحك المالك وحدك حق التصرف في ممتلكاته لبيعها أو إدارتها لمدة تصل إلى ٩٠ يومًا؛ وبمجرد انقضاء تلك الأيام التسعين، يُسمح له بتمرير القائمة إلى الوكلاء الآخرين. لذا، سواء اتصل بك العميل مباشرة أو جاء من خلال وكيل آخر، فسيكون لك الحق دائمًا في الحصول على عمولتك. ولهذا السبب، تُعدّ القائمة الحصرية مهمة للغاية. ومع ذلك، ينتاب الملاك الريبة والشكوك بشأن منح أحد الوكلاء قائمة حصرية إذا لم يكونوا على معرفة وثيقة به. فتجدهم بدلاً من ذلك، يمنحونها لعدة أشخاص، بحيث يحصل على العمولة الكاملة من يغلق الصفقة أولاً؛ يُعرف هذا النوع بالقائمة المتعددة.

الآن، بعد أن أصبحنا على دراية بنوعَي قوائم العقارات المتاحة، نحن على استعداد لاستكشاف كيفية تأمين هذه القوائم. الطريقة الأولى التي يمكننا اتباعها هي من خلال استخدام قواعد البيانات.

قواعد بيانات

إذًا، عندما أتحدث عن قواعد البيانات، فإنني أعني تحقيق أقصى استفادة ممكنة من قواعد بيانات الأبنية. ما عليك القيام به أولاً هو التأكد من أنك

متخصص في إحدى المناطق وفي مبنى معين. ثم تتصل بالمالكين في تلك المنطقة وتبدء في إنشاء قائمة جهات الاتصال الخاصة بك. وعندما أقول «متخصص»، أعني أنك قد تعرّفت على تاريخ العقارات في هذه المنطقة. عليك أن تتعرّف على تاريخ جميع المعاملات خلال السنوات الثلاث الماضية، والأهم من ذلك، أن تتعرّف على أقرب المدارس والمستشفيات وأماكن غسل الثياب والصيدليات ودور الحضانة وطرق النقل العام المتاحة. سيطرح عليك معظم الأشخاص الذين يأتون إليك هذه الأسئلة. فقط عندما تعرف الإجابات عن هذه الأسئلة وتختار أسلوب الطرح المناسب مع العميل، سيعتبرك العملاء وكيلاً موثوقًا وتضمن القائمة العقارية. ومن يدري، فقد يمنحك المالك هذه القائمة العقارية على أساس حصري.

بالإضافة إلى معرفة المنطقة، لا بد لك من معرفة أنواع المباني والوحدات السكنية حتى تتمكن من البدء في بناء لائحة جرد بالعقارات المتاحة. قد يبدو هذا صعبًا بالنسبة للمبتدئ، لكنه في واقع الأمر ليس كذلك. وبمجرد تنفيذك ذلك على النحو الصحيح، تصبح حياتك أسهل وأكثر متعة. يستخدم كل وكيل قواعد بيانات الاتصال لتحديد ما إذا كانت القائمة العقارية متاحة أم لا. تتوفر قواعد البيانات هذه لكل عقار وتحتوي على تفاصيل الاتصال بالمالك، مما يسهّل عليك الاتصال به. إلّا أن العديد من أصحاب العقارات يتلقون أربع أو خمس مكالمات هاتفية من الوكلاء يومًا، الأمر الذي يصبح مزعجًا للغاية بالنسبة لهم. لذا يمكنك أن تتميز عن الوكلاء الآخرين بأن تقول أشياء مثل، «لقد كنت في زيارة للمبنى لأعرض إحدى الشقق على أحدهم، وقد قدم لي عرضًا بالفعل؛ فإذا كنت ترغب، يمكنني الاتصال به بخصوص شقتك ودفع الأمور نحو الأمام.» يمكن لعبارات كهذه أن تميّز مكالمتك عن الآخرين على نحو واضح.

مُد حياتك

تنبيهات الرسائل القصيرة

تنبيهات الرسائل القصيرة هي نصوص ترسلها لغرض معين؛ يمكن أن يندرج تحتها أي شيء ابتداء من تأمين قوائم العقارات المتاحة المحتملة إلى الوصول إلى المشترين. فعلى سبيل المثال، يمكنك إرسال رسالة نصية قصيرة جماعية إلى سكان مبنى سكني لمعرفة ما إذا كان أي منهم يرغب في بيع شقته أو تأجيرها، أو يمكنك الاتصال بالمشترين لإعلامهم متى ستصبح الشقة متاحة. على الرغم من أن الرسائل القصيرة نفسها يجب أن تكون قصيرة، إلا أنه يمكنك دائمًا استخدام رابط لتوجيه المستلم إلى موقع يجد فيه مزيدًا من المعلومات. فعلى سبيل المثال، يمكن أن يوجههم الرابط إلى صفحة بيع. عليك أن تخبر المستلم، في التنبيه الذي ترسله عبر رسالة نصية قصيرة، بأنك متخصص في المنطقة التي يوجد فيها عقاره. وعندما ينقرون على الرابط، سيعيد توجيههم إلى صفحتك، حيث يمكنهم رؤية هويتك، وما أنجزته في الماضي، وكل شيء يتعلق بالقائمة العقارية.

حراس الأمن

لكل مبنى حارس أمن. وحارس الأمن هذا لديه جميع البيانات المتعلقة بالمبنى لأنه يجب على المالكين إعطاؤه التفاصيل الخاصة بهم تحسبًا لأية حالة طوارئ. كل ما عليك فعله هو أن تبني صداقةً مع الحارس وأن تعقد صفقة تجارية معه من خلال أن تدفع له رسوم إحالة عن كل عميل يرسله إليك. يزور العديد من الناس المباني دون تحديد موعدٍ مسبق فيقولون لحارس الأمن شيئًا مثل، «إننا نتطلع للسكن في هذا المبنى، مع من تنصحنا أن نتحدث؟» إذا علم هذا الحارس أن إحالتهم إليك ستجني له المال، فستضمن

لنفسك مصدرًا مؤكدًا للحصول على العملاء المحتملين الحقيقيين.

إدارة المباني

تتمتع إدارة المباني بإمكانية الوصول إلى جميع قواعد البيانات الخاصة بالمجمّع الذي تتعامل معه على أساس يومي. إذ يمكن أن يقول لهم أحد المالكين، «لن أجدد العقد، سأغادر العقار، أريد أن أبيعه.» وفي هذه الحالة يمكنهم تزويدك بالمعلومات والتحقق منها. وكما هو الحال مع حارس الأمن، فإن عقد صفقة مع إدارة المبنى بشأن رسوم الإحالة سيمنحك أفضلية كبيرة على غيرك من الوكلاء.

تناقل الأخبار شفهيًا

الكلام الشفهي ضروري في مجال عملنا. عليك دائمًا تشجيع عملاءك على ترشيحك إلى أصدقائهم؛ وعندما تقدم لهم خدمة مثالية، فلا بدّ أن يذكروك دائمًا. عندما يريد شخص ما أن يُقدِم على أي عمل له علاقة بالعقارات، أو يعرف شخصًا يريد ذلك، فسيتذكرك بصفتك الشخص الذي ساعده في المرة الأخيرة. وبمجرد أن تحصل على حق البيع والتأجير لعدة شقق في أحد المباني، سيعتبرك جميع المالكين في المبنى أنك جهة الاتصال رقم واحد التي يجب أن يتواصلوا معها عند توفر شقق متاحة جديدة.

وسائل التواصل الاجتماعي

لا بد لك من أن تفكر دائمًا في المحتوى الذي تريد عرضه عن طريق وسائل التواصل الاجتماعي. فكّر في استخدام مقاطع الفيديو على قناتك على اليوتيوب، أو على فيسبوك، أو لينكدإن – أو عبر أية وسيلة متاحة لك من وسائل التواصل الاجتماعي، مما يمكنك من تقديم ما أنجزته مسبقًا، كما يمكن لهذه الفيديوهات أن تظهرك وأنت تصافح العملاء وتبرم الصفقات. اطلب دائمًا من عملائك أن يقدموا لك نوعًا من التقييم، سواء كان مكتوبًا بخط اليد أو من الأفضل أن يكون منشورًا على غوغل إذ يمنحك هذا الأمر مصداقية أكبر.

عندما يكتسب ملفك الشخصي على وسائل التواصل الاجتماعي زخمًا جيدًا، يبدأ المالكون أنفسهم في الاتصال بك بشأن شققهم. عندما تصل إلى هذه المرحلة، تصبح الأمور أسهل بكثير! سترى أن رنين هاتفك لا يهدأ، إذا جاز التعبير، لتنهال عليك طلبات ترتيب زياراتٍ لمشاهدة الشقق وإبرام المزيد من الصفقات.

إعطاء جميع الأساليب الأساسية حقها من الاهتمام

لا بد لك من أن تدرك أنه من الجيد استخدام طريقة أو اثنتين أو حتى ثلاث. ولكن إذا كنت تريد حقًا الإعلان عن الخدمة الممتازة التي تقدمها وتريد أن تكون الشخص الذي يحصل على أكبر عدد من العقارات المتاحة، فلا بد لم من استخدام جميع هذه الأساليب. وبمجرد أن يكون لديك ٣٥ شقة متاحة

تحت تصرفك، فستصنَّف على أنك متخصص في المنطقة؛ مما سيؤدي إلى إتاحة عدد هائل من الصفقات لك ولن يهدأ رنين هاتفك.

كثيرًا ما كان يتصل بي أشخاص لاستئجار شقة، ولكن بعد أن نتقابل وجهاً لوجه، تراهم بدلاً من استئجار استوديو أو شقة ذات غرفة نوم واحدة، كنت أقنعتهم بشراء منازل من ثلاث أو أربع غرف نوم. لذا إياك أن تقلّل من أهمية قائمة العقارات المتاحة. إذ هناك احتمال في أن تتحول أية شقة متاحة إلى فرصة عظيمة ونافذة نحو المستقبل.

باختصار، بمجرد انتهائك من البحث عن العملاء المحتملين وحصولك على قوائم العقارات المتاحة، تكون قد غطّيت ما يقرب من ١٠٠٪ من عالم العمل الفعلي. الآن، دعنا نذهب في رحلة لنستكشف معًا ما يجب فعله بعد ذلك. في الفصل التالي، سأتحدث معك بالتفصيل عن كيفية تنفيذ خطوة رئيسية نحو بناء عمل تجاري ناجح، ألا وهي معرفة كيفية إدارة الوقت.

الفصل ٥

إدارة الوقت

للمضي قدمًا، لا بدّ أن تستخدم وقتك بحكمة.

إن معرفـة كيفيـة تعاملـك مـع وقتـك وتنظيـم نفسـك سـتغير حياتـك. مـما سـيميزك عـن الآخريـن. لذلـك سـتتعلم في هـذا الفصـل كيفيـة إدارة وقتـك واسـتثمار يومـك عـلى أحسـن وجـه، حيـث أن الوقـت هـو أحـد أهـم الأصـول المتاحـة لـك.

إنّ إدارة الوقـت مهـارة يمتلكهـا ١٪ مـن البـشر فقـط. وهـؤلاء هـم مـن وجـدوا المفتـاح الحقيقـي للنجـاح. بمجـرد أن نـرى كيـف يسـتخدم هـؤلاء الـ ١٪ وقتهـم، ومقارنـة ذلـك بالـ ٩٩٪ الذيـن يريدون فقـط إضاعـة الوقـت أو تمضيتـه بـلا جدوى، يمكننـا أن نفهـم بوضـوح الفـرق بـين الاثنـين. لدينـا جميعًـا ٢٤ سـاعة فقـط في اليـوم؛ ولكـن مـا يميّزنـا عـن الآخريـن هـو كيفيـة اسـتفادتنا مـن الوقـت، وهـو مـا يسـاعدنا عـلى تحقيـق نتائـج أفضـل ودخـلٍ أعـلى.

دعني أطرح عليك سؤالاً: إننا ننظر دائمًا إلى الـ ٢٠٪ من البشر الذين يجنون أموالاً طائلة ونتساءل، ما الذي يمتلكونه ويميزهم عن الآخرين؟ حسنًا، الجواب هو أن نسبة الـ ٢٠٪ من الناس هذه ترغب في أن تعمل أكثر مما يرغب بقية البشر. وعندما أقول «تعمل أكثر»، فهذا يعني أنهم يبذلون المزيد من الجهد والوقت.

اسمحْ لي أن أقدم لك مثالاً. يعمل الموظف العادي من الساعة التاسعة إلى السادسة. قد يستيقظ هذا الموظف عند الساعة ٨ صباحًا مثلاً، ويهرع إلى المرحاض، ويستحم، ويرتدي ملابسه، ويقود السيارة إلى العمل، ويعمل حتى الظهر. وعند الظهيرة، قد يحصل على استراحة غدائه ثم يعود إلى العمل (فاقدًا الطاقة على الغالب) وينتظر حتى الساعة ٦ مساءً ثم يغادر. بعد ذلك، قد يعود إلى المنزل، ويرتمي على أريكته قليلاً ويشاهد التلفاز أو يجتمع مع أصدقائه لتناول مشروب، ثم يعود ليأكل وينام، وهكذا دواليك. هذا كل ما في الأمر – هذه هي حياته بالكامل.

ننظر إلى هذا الشخص كل يوم لنرى أنه شخص غير منتج، يقتل وقته بلا جدوى. وعلى الأغلب، فإن أسلوب حياته غير صحي على الإطلاق. وهو ما يبدو على وجهه ومن خلال سلوكه وشخصيته. إنه بالاختصار ليس شخصًا سعيدًا.

إذًا ما الحل؟ دعني أخبرك الآن بأفضل طريقة لتقسيم اليوم حتى نجعله مثاليًا. يوجد في نهاية هذا الفصل مخطط أستخدمه دائمًا. يمكنك نسخه واستخدامه، أو يمكنك ابتكار مخطط خاص بك – فالأمر كله عائد إليك. ما يهم هنا حقًا هو أول مهمة تنجزها في اليوم، والتي تتكوّن من وقت استيقاظك ووقت ذهابك للنوم. الباقي متروك لك لتخصصه كيف تشاء

وتجعلـه منتجًـا بالطريقـة التـي ترتئيهـا.

دعنـا الآن نرسـم المخطـط. لنفـترض أنـك معتـاد عـلى الاسـتيقاظ عنـد السـاعة ٦ صباحًـا. أؤكـد دائمًـا عـلى فوائـد الاسـتيقاظ عنـد السـاعة ٦ صباحًـا. لمـاذا؟ لنفـترض أن معظـم النـاس يسـتيقظون عنـد السـاعة ٨ صباحًـا ويذهبـون إلى العمـل عنـد السـاعة ٩ صباحًـا. يمنحـك الاسـتيقاظ عنـد السـاعة ٦ صباحًـا سـاعتين إلى ثـلاث سـاعات إضافيـة عـما لـدى الآخريـن. يمكنـك خـلال هاتـين السـاعتين بـذل المزيـد مـن العمـل والجهـد. ثـق بي، إنـه أمـر تراكمـي! إذْ تمنحـك هاتـين السـاعتين مـا يصـل إلى إجـمالي ٥٧٦ سـاعة في السـنة. أي مـا يقـرب مـن ٦٠٠ سـاعة إضافيـة يمكنـك اسـتخدامها لتتفـوق عـلى الآخريـن.

لـذا، فـإن الاسـتيقاظ باكـرًا شيء مقـدس. صدقـوني يـا رفـاق، أنـا لا أحـب ذلـك. لا أريـد أن أسـتيقظ باكـرًا. ولكـن بعـد تنفيـذ ذلـك لأكـثر مـن ٢١ يومًـا، كـما تحدثنـا سـابقًا، يمكـن لجسـمك التكيّـف مـع أيـة عـادة. بعـد الاسـتيقاظ، أتوجـه مبـاشرة إلى صالـة الألعـاب الرياضيـة السـاعة ٦:١٥ وأعـود إلى المنـزل عنـد السـاعة ٧ صباحًـا. ثـم اسـتحم وأرتـدي ملابـسي للعمـل. أصـل إلى المكتـب بـين السـاعة ٧:٣٠ والسـاعة ٧:٤٥، حسـب حركـة المـرور. عنـد الثامنـة صباحًـا، أبـاشر بمهمتـي الأولى، وهـي الاطـلاع عـلى أخـر مسـتجدات اتجاهـات السـوق وآخـر الأخبـار، محليًـا ودوليًـا. مـن المهـم جـدًا متابعـة الأخبـار المحليـة والدوليـة حتـى نتمكـن مـن رؤيـة مـا يحـدث في السـوق – خاصـة إذا كنـتِ تعمـل في مدينـة مثـل دبي، حيـث توجـد مجموعـة كبـيرة ومتنوعـة مـن الجنسـيات ويمكـن لأي شيء أن يحـدث؛ فعـلى سـبيل المثـال، قـد تعنـي الأخبـار الجيـدة في أوروبـا أخبـارًا جيـدة أو سـيئة بالنسـبة لنـا. بمجـرد أن تعـرف مـا يحـدث في سـوق الأوراق الماليـة أو الذهـب والفضـة أو النفـط الخـام، سـيكون لديـك مـؤشر يـدل عـلى مـن يكسـب المـال الآن ومـن عليـك اسـتهدافه عـلى الفـور، أو مَـن يُحتَمـل أن يخـسر قليـلاً بسـبب حـدثٍ مـا

في منطقته.

حسنًا، المهمة الأولى، كما قلنا، هي الاطلاع على أخر المستجدات فيما يتعلق باتجاهات السوق وآخر الأخبار – تَمّ ذلك: فماذا بعد؟ هنا تأتي المهمة الثانية، وهي إرسال رسائل البريد الإلكتروني. سيكون ذلك عند الساعة ٨:٣٠. بعد ذلك، أعمل على قائمة العملاء المحتملين الذين أتواصل معهم يوميًا. يستغرق هذا الأمر من الساعة ٩:٣٠ إلى الساعة ١٢:٣٠. حيث أتصل هاتفيًا بهؤلاء الأشخاص واستغل وقتي إلى الحد الأقصى من خلال محاولة ترتيب لقاءات معهم في فترة ما بعد الظهر، لأنه في نهاية اليوم، إذا كنت تقضي كل وقتك في المكتب بدلاً من مقابلة الأشخاص وجهًا لوجه، فلن تكون قادرًا على إنجاز أية أعمال تجارية.

ثم أذهب إلى استراحة الغداء بين الساعة ١٢:٣٠ والساعة ١ ظهرًا. وبمجرد انتهاء الغداء، أعيد تأكيد مواعيد الاجتماعات وأماكنها كتابةً؛ على سبيل المثال: السيد فلان، كان حديثي معك مبعث سروري البالغ. أودّ فقط التأكيد علة أننا سنجتمع... وهذا أيضًا وقت مناسب لتجهيز المستندات واستكمال الأعمال الورقية الأخرى ذات الصلة.

بحلول هذا الوقت، أكون في خضمّ إرسال مجموعات الرسائل القصيرة على النحو الذي شرحتُه سابقًا. لذا، لنفترض أنني من حوالي الساعة ٣:٣٠ إلى ٨ مساءً، أصطحب العملاء لمشاهدة الشقق، وأجتمع بالناس، وأحاول إبرام الصفقات. وبمجرد أن أنتهي عند الساعة ٨ مساءً، أعود إلى المنزل.

أثناء قيادتي للمنزل – وأنا أفعل ذلك يوميًا – أستمع إلى البودكاست، لأنه غالبًا يفتح العقل على آفاق جديدة. يحفل البودكاست بالأفكار التي يمكنني

استخدامها. بمجرد وصولي إلى المنزل عند الساعة ٨:٣٠، أتناول العشاء وأسترخي قليلاً. ثم أستحم وأرتدي بعض الملابس المريحة. بعد ذلك، عند الساعة ١٠ مساءً، أقوم بإعداد المحتوى الذي سأنشره على وسائل التواصل الاجتماعي. أجهّز الأساسيات – لا أحاول إعداد النصوص بكاملها؛ بل أكتفي بتحديد بعض النقاط الرئيسية فقط. فعلى سبيل المثال، قد أسجّل شيئًا حدث معي في ذلك اليوم ويستحق إنشاء مقطع فيديو عنه. حتى إنني أتحدث عن التجارب التي مررت بها مع عملائي، أو أي شيء آخر يمكنني نشره على وسائل التواصل الاجتماعي بحيث يكون ممتعًا ومثمرًا لمن يتابعني على وسائل التواصل الاجتماعي. سأتحدث بتفصيل أكبر عن قوة وسائل التواصل الاجتماعي وكيفية استخدامها لصالحك في الفصل التالي. وأخيرًا وليس آخرًا، بحلول الساعة ١١ مساءً، أذهب إلى الفراش، وقبل أن أنام، أسأل نفسي، «هل كنتُ منتجًا اليوم؟ كيف عزّزتُ فُرَصي في أن أصبح أفضلَ شخصٍ يمكنني أن أكونه؟ ما الذي فعلته على نحو صحيح؟ وما الذي أخطأت فيه؟»

هذا تقييم مفيد يمكنك إجراؤه على أساس يومي وأسبوعي وشهري وسنوي في نهاية المطاف.

حان دورك الآن

الآن، بعد أن عرفتَ كيف أقسّم أنشطتي اليومية، أريدك أن تملأ مخططًا بنفسك. يمكنك استخدام النموذج في الصفحة التالية أو تصميم نموذج خاص بك – الأمر متروك لك تمامًا. تذكّر أنه من المهم جدًا أن تلتزم بالاستيقاظ باكرًا وممارسة الرياضة والنوم قبل منتصف الليل. بخلاف الالتزام بهذه النقاط، فإن الطريقة التي تراها مناسبة لتقسيم يومك كي تزيد

إنتاجيتك أمر متروك لك. وبمجرد الانتهاء، ضع المخطط في مكان بحيث يمكنك رؤيته من الآن فصاعدًا. ستصبح هذه عادتك الجديدة؛ سيكون هذا ما ستفعله يوميًا إلى أن يتكيّف جسمك مع هذه التغييرات.

الجدول اليومي

الساعة	النشاط
٦ صباحًا	
٧ صباحًا	
٨ صباحًا	
٩ صباحًا	
١٠ صباحًا	
١١ صباحًا	
١٢ مساءً	
١ مساءً	
٢ مساءً	
٣ مساءً	
٤ مساءً	
٥ مساءً	

مُد حياتك

	٦ مساءً
	٧ مساءً
	٨ مساءً
	٩ مساءً
	١٠ مساءً
	١١ مساءً

الفصل ٦

وسائل التواصل الاجتماعي

القرن الحادي والعشرون: يمكن لعملائك التعرف عليك دون الحاجة إلى مقابلتك في الواقع.

سأعلّمك في هذا الفصل كيفية استثمار وسائل التواصل الاجتماعي إلى أقصى حد أثناء استخدام تطبيقات متعددة لمنح نفسك قدرًا هائلاً من إمكانية الظهور لدى العملاء. سيبدأ الناس بهذه الطريقة في التعرف على من تكون وما هو عملك؛ كما أنهم سيجدون طريقة للتواصل معك بدلاً من أن تسعى أنت وراءهم.

تعدّ وسائل التواصل الاجتماعي أقوى أداة في القرن الحادي والعشرين. إننا محظوظون للغاية لأننا نعيش حياتنا في هذا العصر، حيث إننا كلنا متصلون بالإنترنت؛ مما يجعلنا على بعد نقرةٍ واحدة من بعضنا البعض. فيما مضى من الزمان، إذا أراد الناس مقابلة بعضهم البعض، كانوا يتصلون ببعضهم عبر الهاتف مرة أو اثنتين. إذا كان لديهم موعد مع شخص يعيش في بلد

مختلف، كان عليهم السفر إلى بلده لعقد الاجتماع. وكانت معظم تلك الاجتماعات فظيعة لأنه لم يكن هناك اتصال حقيقي بشأن العمل، مما جعل تلك الاجتماعات مضيعة للوقت والموارد والمال.

من الواضح أن وسائل التواصل الاجتماعي دخلت على الخط وغيرّت كل ذلك. على سبيل المثال، في الوقت الحاضر، إذا كنتُ أرغب في الوصول إلى أي شخص، يمكنني ببساطة تسجيل الدخول إلى فيسبوك أو يوتيوب أو لينكدإن أو إنستاغرام والتواصل معه عن طريق إرسال رسالة نصية إليه أو حتى رسالة صوتية ممتعة. كما يمكنني في كثير من الأحيان أن أتحقق مما إذا كان قد قرأها أم لا. وبمجرد أن يقرأ الرسالة أو يستمع إليها، فهو يقول لنفسه، «يجب أن أرد على هذا الشخص. ربما هناك شيء مثير للاهتمام بالنسبة لي». وهكذا يتواصل الناس. في واقع الأمر، لديّ الآن الآلاف من جهات الاتصال المنتشرين في جميع أنحاء العالم، أشخاصٌ أعقد معهم صفقات تجارية دون أن أقابلهم وجهاً لوجه. يرجع هذا الأمر في الغالب إلى سلسلة عملياتِ الإغلاق التي شهدناها نتيجةً لوباء كوفيد-١٩. إننا نتحدث بشكل يومي عن طريق إرسال مقاطع فيديو وإجراء مكالمات عبر تطبيق زووم واستخدام العديد من أدوات التواصل الاجتماعي المتوفرة لدينا. وأكرر مرة أخرى هنا، إننا لم نلتق ببعضنا البعض أبدًا؛ إنه أمر ساحر بكل ما في الكلمة من معنى.

لا شكّ أن التطبيق الأكثر استخدامًا في العالم هو فيسبوك؛ إذ لديه ما ينوف على ٢,١ مليار مستخدم؛ وهم مستخدمون نشطون يستخدمونه بشكل يومي. يحتلّ إنستاغرام المرتبة الثانية، حيث لديه ١,٤ مليار مستخدم نشط. أما في المركز الثالث فنجد لينكدإن الذي يضم أكثر من ٨٠٠ مليون مستخدم، حيث يستخدمه جميعهم لأغراض العمل بشكل أساسي؛ إذ لا تراهم ينشرون صورًا عائلية أو رحلةً مع العائلة على هذه المنصة الاجتماعية.

يتعلق لينكدإن في الغالب بالخدمات التي يقدمونها؛ أي ما يدخل ضمن إطار عملهم والأشخاص الذين يتفاعلون معهم. لذلك، يُعدّ هذا التطبيق مهمًا للغاية بالنسبة لنا لاستخدامه في مجال العقارات. يأتي في المرتبة الرابعة موقع يوتيوب، حيث نشهد ظاهرة لا تصدق حتى ترى. يساعد يوتيوب الكثير من الأشخاص في عرض عقاراتهم وجذب انتباه المشترين. أما في المرتبة الخامسة فنجد تطبيقًا جديدًا ولكنه واسع الاستخدام، هو تطبيق زووم، وهو شكل من أشكال برامج مؤتمرات الفيديو. والآن، دعونا نتناول هذه التطبيقات واحدًا تلو الآخر.

فيسبوك

يكمن جمال فيسبوك في أنه يضمّ أكبر عدد من المستخدمين على سطح البسيطة. وهو يتيح لنا نشر الصور ومقاطع الفيديو، ولكنه أيضًا يحتوي على صفحات بيع (الصفحات التي يتحول لها المستخدم بعد نقره على رابط أحد الإعلانات) حيث يمكنك تسويق عملك. وهي تشبه إلى حد ما موقع ويب خاص بك، حيث يمكنك نشر ساعات عملك وأنشطتك وموقعك الجغرافي وكل ما يتعلق بك وبعملك؛ بل حتى رقم تسجيل ضريبة القيمة المضافة. يمكنك تخصيص منشوراتك لتكون بمثابة إعلانات لعملك. كما يمكنك أيضًا ربطها بحسابك الشخصي بحيث يتمكن الناس من مشاهدة صفحتك الشخصية؛ مما يمكنهم من إرسال طلبات لمتابعتك، وبمجرد الموافقة على هذه الطلبات، يمكنهم متابعة كل ما تفعله.

هناك أمر آخر مدهش بشأن هذا التطبيق؛ ألا وهو أنه مجاني تمامًا؛ إذ ليس عليك دفع أي مبلغ مقابله. ومع ذلك، إذا كنت ترغب في زيادة معدل

ظهورك لدى المتابعين إلى الحد الأقصى، فيمكنك تعلّم كيفية تشغيل مدير إعلانات فيسبوك؛ حيث يمكنك بهذه الطريقة التعامل مع إعلاناتك. يمكنك استهداف جمهور معين عن طريق اختيار العمر المناسب للأفراد المستهدفين وموقعهم الجغرافي واهتماماتهم، فيبدؤون بعد ذلك برؤية إعلاناتك وإرسال استفسارات إليك. وهنا أيضًا ستكون على بُعد نقرةٍ واحدة فقط! ما عليك سوى ترك رسالة لهم، مثل، «جزيل الشكر، لقد تلقيتُ استفسارك، كيف يمكنني مساعدتك؟» وستكون جاهزًا للمتابعة معه على أحسن وجه!

لذلك إنه لأمر بالغ الأهمية أن تكون متواجدًا على فيسبوك: فهو أداة رائعة للأعمال تُعتبَر خير تجسيد للمستقبل. لذا، إذا لم تكن مشتركًا فيه بالفعل، فإنني أنصحك بشدة أن تفتح حسابًا عليه الآن.

إنستغرام

إنستاغرام هو تطبيق التواصل الاجتماعي الأكثر استخدامًا بعد فيسبوك. لقد حظي بشعبية واسعة النطاق منذ عام ٢٠١٥. من خلال هذا التطبيق، يعرض الجميع ما ينجزونه في مجال عملهم. ولقد شهدنا في الآونة الأخيرة ارتفاعًا في عدد الأشخاص الذين يطلقون على أنفسهم لقب «مسوّقو وسائل التواصل الاجتماعي» و«مصمّمو الجرافيك». إنهم أشخاص يعرضون عليك تخصيص منشوراتك وجعلها ممتعة من خلال مراعاة التأثير النفسي لأنواع الخطوط وحجمها ولونها، مع الأخذ بعين الاعتبار كيفية حدوثِ تفاعلِ المتلقين مع خطوطٍ معينة. كمثال، دعنا نفكر في شعار نيتفليكس. تجذب روعتُه العين حالما تراه لأول مرة. ولكنّ استخدام اللون الأحمر هو الأمر المثير للاهتمام فيه حقًا؛ إذْ إنه يحرّض الدماغ على الاهتمام بما لدى صاحب

الشعار. بالمقارنة، تستخدم سامسونغ اللون الأزرق لشعارها. يرمز الأزرق إلى الثقة، والثقة بدورها ترمز إلى المصداقية. وإذا نظرتَ إلى شعار ماكدونالدز، فسترى المزيج المألوف من الأصفر والأحمر؛ وهما لونان زاهيان يحفّزان الدماغ ويرسلان إشارة إلى ضرورة أن تتناول طعامك هنا.

تُستخدم جميع هذه التقنيات في جميع وسائل التواصل الاجتماعي، وخاصة على إنستاغرام. هناك الكثير من الأشخاص الذين يمكنهم مساعدتك في هذا المجال وبأسعار معقولة جدًا؛ إذ يمكنهم مساعدتك في إنشاء المحتوى ونشره في الوقت المناسب للحصول على أعلى مشاركة. لا تنسَ الفارق الزمني من بلد إلى آخر، بالإضافة إلى الاختلاف في مستوى المشاركة بين مختلف أنواع الجماهير. أما عندما يتعلق الأمر بدبي، فستجد أن أفضل وقت للنشر هو دائمًا بين الساعة ٤ صباحًا و٨ صباحًا؛ إذ أن هذا الوقت هو الوقت الذي يستعرض فيه معظم العاملين في مجال العلاقات العامة هواتفهم، باستخدام وسائل التواصل الاجتماعي بنشاط.

هناك أمر آخر بشأن إنستاغرام لا بد لنا من إلقاء الضوء عليه ألا وهو الإمكانية المتاحة لك لنشر إعلانك من خلال قصصك. إذ يمكنك من خلالها أيضًا مشاركة الروابط إلى مقاطع الفيديو والمقالات والمدونات التي لديك؛ وإلى أي شيء تريده. يسمح إنستاغرام بنفس سياسة الإعلان المتبعة في فيسبوك. بل، في الواقع، يمكنك ربط إنستاغرام وفيسبوك، وبمجرد تشغيل إعلان على فيسبوك، سيتم عرضه على كل من فيسبوك وإنستاغرام معًا؛ وبالإضافة إلى ذلك، عند نشرك إعلانات على إنستاغرام، سيتم تشغيلها من خلال صفحتك الرئيسية ومن خلال قصتك، وكلاهما يتمتعان بإمكانية وصول هائلة.

لينكدإن

كما ذكرتُ من قبل، يُعدّ لينكدإن طريقة بالغة السهولة للحصول على عملاء. يعود السبب في ذلك إلى أن وصول لينكدإن مرتفع جدًا (أفضل بكثير من إنستاغرام وفيسبوك). على لينكدإن، يكتب الجميع سيرتهم الذاتية، ويمكنك رؤية الملفات الشخصية لأشخاص آخرين قبل أن تصبحوا أصدقاء. فلنفترض أنك تبحث عن أشخاص يعملون في شركة سوني؛ كل ما عليك فعله هو وضع هذا الأمر في شريط البحث، والذي سيعرض لك قائمة بالأشخاص الذين تم إدراج هذا الأمر على أنه دورهم الرئيسي. يمكنك التواصل معهم عن طريق إرسال رسالة إليهم. كما يمكنك أن ترسل إليهم مقطع فيديو تقدّم فيه نفسك وتشرح سبب رغبتك في التواصل معهم. إنا طريقة موثوقة للغاية ومناسبة للتواصل مع الأشخاص على المستوى المهني. يتوقع مستخدمو لينكدإن تلقّي طلبات أو رسائل تتعلق بالعمل، وليس مجرد رسائل ودية.

بالطريقة التي أرى الأمور من خلالها، إن حسابك على لينكدإن أشبه ما يكون بسيرتك الذاتية، لذا عليك تخصيصه ومراعاة جماليته حتى تتمكن من تحقيق أقصى استفادة منه. إياك أن تنشر على لينكدإن أي شيء لا ترغب في أن يراه صاحب عمل محتمل. نظرًا لكونه منصة احترافية، فهو ليس مصممًا لعرض صورك على الشاطئ أو في العطلة (ما لم تكن، بالطبع، راكب أمواج محترف أو مرشدًا سياحيًا غي مجال قضاء الإجازات)؛ بدلاً من ذلك، عليك أن تقدّم نفسك من منظورٍ احترافي، وأن تقدّم نفسك عندما تكون في العمل وما يمكنك تقديمه للأشخاص بصفة مهنية. لا تنسَ أيضًا أنه يمكن للينكدإن تقديم مصادقات؛ فإذا كنتَ قد عملت في شركة أو مؤسسة معينة، يمكنك إدراجها كما يمكن التحقق من ذلك من قبل أي شخص يشاهد

ملفك الشخصي.

موقع يوتيوب

يوتيوب هو تطبيق الفيديو الأكثر مشاهدة والأكثر استخدامًا من بين جميع تطبيقات عرض الفيديو. يقضي الناس ساعات وساعات يوميًا في استخدام يوتيوب دون أن يدركوا ذلك بسبب سهولة استخدام هذه المنصة، ولقد أطلقوا الآن استوديوهات يوتيوب، حيث يعلّمون الجميع كيفية إنشاء قناة لأنفسهم والمباشرة في طرح المحتوى. كل ما تحتاجه هو مقطع فيديو واحد سريع الانتشار ليبدأ الجميع في متابعتك.

يمكنك على يوتيوب إنشاء مقاطع فيديو تصل مدتها إلى ١٥ دقيقة دون مواجهة أية مشاكل في رفعها إلى المنصة. كما يمكنك ترقية حسابك إذا ما دعتك الضرورة إلى ذلك، مما يمكّنك من إنشاء مقاطع فيديو تصل مدتها إلى ساعة أو ساعتين. يمكنك تحميل البودكاست وإجراء المقابلات وعرض الخصائص والتحدث عن رؤيتك المهنية. بالنسبة لي شخصياً، أحب استخدامه لتلقّف الحكايات التي تتعلق بمجال عملي؛ إنها فرصة رائعة لمشاركة قصص نجاحك والتحدث عن كيفية وصولك إلى ما أنت عليه الآن، بالإضافة إلى أن الأمر شخصي أكثر بكثير من منشورٍ على وسائل التواصل الاجتماعي الأخرى.

إذا كنتَ ترغب في الحصول على عملاء، وإذا كنت ترغب في الحصول على مشترين، وإذا كنت ترغب في ضمان أفضل عمليةِ فلترةٍ للعملاء، فإن تطبيق يوتيوب هو غايتك المنشودة.

تطبيق زووم

يُعدّ تطبيق زووم طريقة رائعة تمكّن الأشخاص من إنجاز أعمالهم التجارية، خاصة إذا كانوا في بلدان مختلفة، أو إذا كانوا بعيدين جدًّا عن بعضهم البعض بحيث لا يمكنهم الاجتماع شخصيًّا. يحتوي تطبيق زووم على جودة رائعة سواء من حيث الفيديو أو الصوت. يمكن إجراء المكالمات بين شخصين أو بين أفرادِ مجموعةٍ كبيرة، وفي هذه الحالة، يستضيف أحدهم الاجتماع ويدعو الأشخاص الآخرين للانضمام. دعني أقدم لك مثالاً. لنفترض أنني أريد بيع عقار لعائلة حيث يتواجد الزوجان في فرنسا، والأطفال في مدرسة داخلية في إيطاليا. كل ما علينا فعله هو الاتفاق على وقت محدد؛ ثم أرسل لهم الرابط للانضمام إلى المكالمة من خلال تطبيق زووم. وبمجرد انضمام الجميع إلى المكالمة، يمكنني البدء في مشاركة صفحتي الرئيسية. يمكنني أن أريهم صورًا ومقاطع فيديو للعقار، كل ذلك أثناء تحدثي معهم عن ميزات العقار. بهذه الطريقة، إنني أنشئ عرضًا جماعيًا دون أن يرى الأشخاص بعضهم وجهًا لوجه. وأجمل ما في الأمر أنني أفعل كل هذا عن بُعْد ولست مضطرًّا حتى إلى مغادرة المكتب! باستخدام هذه الأداة، حصلت على أكثر من ٦٥ عملية بيع في العام الماضي، وكانت هذه هي المرة الأولى التي استخدم فيها تطبيق زووم طوال حياتي. يوضح لك هذا الأمر أهمية وسائل التواصل الاجتماعي وقوتها.

كيف تقهر خوفك من الكاميرا

ربما يدور التساؤل التالي في أذهان العديد منكم الآن، «لكن كيف يمكنني أن أكون أمام الكاميرا؟ انا شخص خجول. ماذا سيقول الناس عني؟» لقد كانت هذه الأفكار تدور في رأسي أيضًا إلى أن وصلت إلى نقطةٍ قلت فيها لنفسي،

قُد حياتك

«أنت الشخص الوحيد المسؤول عن دفع فواتيرك وتنظيم حياتك.» وفي الأساس، لا تسددُ آراءُ الآخرين فواتيرك. أنت، وأنت وحدك، المسؤول عن تأمين مصاريفك في الحياة. كنت أعلم أنني يجب أن أتولّى زمام الأمور في مسيرتي المهنية – ولتنفيذ ذلك، كنت على ثقة بأنني لا بد لي من التغلّب على خوفي من أن أبدو شخصًا أحمقًا أمام الكاميرا.

لذلك بدأت في عمل مقاطع فيديو. وصدقوني، كان أول فيديو لي فظيعًا. لكنني وضعت غروري جانبًا ونشرت الفيديو على الإنترنت ليكون الأمر بمثابة تذكيرٍ لي عن مدى تقدمي فيما بعد. كان الفيديو الثاني أفضل قليلاً. وكان الثالث أفضل مما قبله، وفي نهاية المطاف، عندما وصلت إلى الفيديو الخامس والسادس والسابع، تبين أنها جميعًا مقاطع فيديو مدهشة؛ ومنذ تلك النقطة فصاعدًا، لم يعد بإمكان شيء أن يمنعني عن المضيّ قدمًا فيما أفعله. بإمكاني اليوم عمل حوالي عشرة مقاطع فيديو يوميًا. بل حتى إنني لست بحاجة إلى كتابة نص مسبق؛ إذ إنني أكتفي بفتح هاتفي ومباشرة الحديث.

أودّ أن أقدم لك أسلوبًا بسيطًا يجعلك تشعر براحة أكبر عند التواجد أمام الكاميرا. يكتب الكثير من الناس في يومياتهم كل ليلة، قبل ذهاب إلى الفراش. يتناولون قلمًا ودفترًا ويبدؤون في الكتابة عما حدث خلال يومهم. ما أريدك أن تفعله هو أن ترمي القلم والدفتر جانبًا وتلتقط الهاتف. لا يوجد أحد سواك أنت وهاتفك والغرفة الفارغة فقط لا غير. صوّرْ نفسك تتحدث عن يومك. عليك القيام بذلك يوميًا. تذكّر أن ما تصوّره لن تراه سوى عيناك فقط. الأمر أشبه ما يكون باليوميات ولكن على شكل فيديو. وبمرور الوقت، ستبدأ في الشعور براحة أكبر عند التحدث إلى الكاميرا؛ وبعد فترة، لن تعبأ بوجود الكاميرا أبدًا. عند هذه النقطة تكون مستعدًا لاتخاذ الخطوة

التالية والبدء في تسجيل المحتوى لصفحات الوسائط الاجتماعية التي لديك.

نصيحتي في هذا الشأن؟ فقط كن على طبيعتك وانشر المحتوى؛ بغضّ النظر عن العيوب التي تراها في مقاطع الفيديو التي تسجلها، فهي ذات قيمة لأنك أنت من يمنحها قيمة، والعديد من الناس في العديد من الأمكنة بحاجة إلى المعلومات التي تحتويها فيديوهاتك. إنني على يقين من أن الكثير من الناس سئموا وتعبوا من مشاهدة مقاطع الفيديو السخيفة التي لا معنى لها. إنهم يريدون القيمة ويريدون المعرفة، إذ في نهاية المطاف، نحن في القرن الحادي والعشرين؛ والمعرفة والقيمة هما العملة الجديدة.

انتهاج التكنولوجيا

قبل أن ننهي الفصل، أودّ التأكيد مرة أخرى على أن وسائل التواصل الاجتماعي هي المستقبل القادم. عليك أن تكون لاعبًا نشط في هذا المضمار. إذا لم تكن موجودًا في هذه الساحة، فالآن هو أفضل وقت لتدخل هذا العالم حتى لا تفوتك الفرص المحتملة. تواجدْ على جميع هذه التطبيقات وابدأ في نشر المحتوى. يمكن استخدام مقطع فيديو واحد على يوتيوب ولينكدإن وإنستاغرام وفيسبوك. الأمر ليس صعبًا؛ إذ بمجرد أن تمتلك الخبرة اللازمة، لن يستغرق الأمر منك سوى عشر أو خمس عشرة دقيقة إضافية من يومك لإنشاء مقطع فيديو واحد. لقد غيّرتْ هذه الأدوات حياتي وأنا على أتمّ الثقة بأنها ستغير حياتك أيضًا. لذا، ماذا تنتظر؟ هيا، انضمّ إلى الركب؛ أتمنى لك حظًّا سعيدًا. أمّا وقد غطّينا جميع منصات الوسائط الاجتماعية، فسأتحدث عن أنواع العملاء وكيفية التعامل مع كل نوع منهم.

الفصل ٧

أنواع العملاء

يتعامل الوكيل الناجح مع مئات العملاء - الأمر المهم هو التفريق بينهم وتحديد كيفية التعامل مع كل منهم بما يناسبه.

سأعرّفك في هذا الفصل على الأنواع المختلفة من العملاء الذين ستقابلهم وكيفية التعامل معهم، واحدًا تلو الآخر. هناك فرق كبير بين المستأجر والمشتري النهائي والمشتري-المستثمر للعقارات السكنية. هناك فرق أيضًا بين أصحاب الشركات الذين يرغبون في شراء مكاتب، والمستثمرين الذين يرغبون في شراء عقارات تجارية. إنّ معرفة كيفية تلبية احتياجاتهم ورغباتهم الفردية هو ما يجعلك متميزًا عن الوكلاء الآخرين ويؤمّن لك معظم قوائم العقارات المتاحة. هيا بنا نبدأ!

المستأجرون لمدة قصيرة

المستأجرون لمدة قصيرة هم النوع الأول الذي ستقابله من العملاء. في الأساس، هم الأشخاص الذين يأتون إلى دبي لفترة زمنية محدودة، والتي يمكن أن تتراوح من شهر إلى شهرين، أو حتى ثلاثة أشهر أو أكثر بعض الشيء. هم ليسوا هنا بموجب عقد. إنهم يتطلّعون لاستئجار شقة لمدة قصيرة فقط. لن يمنحك هؤلاء الأشخاص وقتًا عصيبًا على الإطلاق لأنهم سيتواصلون معك بعد رؤية قوائم العقارات المتاحة لديك. وبمجرد أن يروا الشقة، سوف يأتون لتفحصها، ويعطونك جوازات سفرهم، ويوقعون عقد إيجار لمدة شهر أو شهرين، وهذا كل شيء. لكن تأكد من إرضاء هؤلاء العملاء، والإجابة على جميع أسئلتهم، ومنحهم ما يحتاجون إليه. أخبرهم بمكان أقرب مستشفى وأخبرهم بمكان المعالم الرئيسية القريبة. إذا كانوا من الشباب، فربما يبحثون عن مطاعم جيدة، لذا رشّح لهم بعض الأماكن الرائعة التي يمكنهم زيارتها خلال فترة وجودهم هنا – سيقدّرون الجهد الإضافي الذي بذلته لجعلهم يشعرون بالترحيب.

المستأجرون السنويون

النوع الثاني من العملاء هو المستأجر السنوي. إنهم يعيشون في دبي ويعملون فيها ويبحثون عن منازل. قد يكونون عازبين أو متزوجين أو حتى عائلة كبيرة. بغض النظر عن الحالة، تأكد من أن تجد لهم أفضل العقارات. ابقَ دائمًا على اتصال معهم – اتصل بهم كل شهرين أو ثلاثة للتأكد من أن كل شيء على ما يرام واسألهم عما إذا كانوا بحاجة إلى أي شيء آخر.

عادة ما يكون لهؤلاء المستأجرين أصدقاء في دبي، مما يعني أنهم مهمون جدًا للإعلان الشفهي. فإذا كان هذا العميل سعيدًا بما قدمتَه له من خدمات، فسيحيل أصدقاءه ومعارفه إليك؛ عندما يأتي أصدقاؤه لزيارته ويعبّرون عن إعجابهم بمنزله، فسيذكر لهم اسمك باعتبارك الشخص الذي تدبّر أمر إيجاد هذا البيت. سيرشحك هذا النوع من العملاء تلقائيًا بصفتك الوكيل العقاري المتخصص في هذه المنطقة والشخص الأفضل القادر على مساعدتهم. لذلك من المهم جدًا الحفاظ على علاقة ممتازة مع هؤلاء المستأجرين، لأنهم مصدرٌ جيد جدًا للإحالات، وربما يصبحون مشترين لاحقًا. وعندما يفكرون في شراء عقار، فإنك بالطبع، ترغب منهم الاتصال بك أولاً!

لنتحدث الآن عن النوع الثالث من العملاء، المستخدمون النهائيون والمستثمرون.

المستخدمون النهائيون

المستخدم النهائي هو العميل الذي يشتري عقارًا ليعيش فيه. عادةً، يأتي هؤلاء المشترون بمفردهم أو كعائلة، لذلك من المهم جدًا فهم احتياجاتهم ومتطلباتهم. إذ يبحث كل مشترٍ عن شيء مختلف. يريد البعض أن يسكنوا في منطقة نابضة بالحياة بجوار الشاطئ بينما يبحث البعض الآخر عن منطقة عائلية بجوار ملعبٍ للجولف أو قرب مرافق مجتمعية أو مساحات خضراء، إلخ.

في حالة الزوجين، تأكد من تلبية متطلبات الزوجة – فإذا كانت راضية عن كل ما تراه، فعندئذٍ يكون البيع مضمونًا. عادة ما ينصبّ تركيز الزوجة على جمال المطبخ ومساحة غرفة المعيشة حيث يمكنها الاستمتاع بالوقت مع

أسرتها أو أصدقائها. وإذا كانت تبحث عن إطلالة جميلة، فامنحها الإطلالة التي تريدها. إذا كانت تبحث عن منزل ريفي أو فيلا، فاحرص على منحها فناءً خلفيًا مناسبًا حيث يمكنها قضاء الوقت مع أحبائها. قد تركّز النساء الأصغر سنًا على امتلاك حمام كبير بإضاءة جيدة ومساحة كبيرة للأدراج - إذا كان الأمر كذلك، فاحرص على تقديم شيء لهن يجعلهن يقلن «رائع، هذا مثالي!» بمجرد أن تجعلها تشاهد تلك الميزة الخاصة التي كانت تبحث عنها، تكون قد حققتَ المطلوب - لقد أبرمتَ الصفقة.

في الآونة الأخيرة، أبرم صديق لي صفقة كبيرة بلغت حوالي ٤٥ مليون دولار. لقد كانت صفقة ضخمة - وقد تجاوز المشتري الميزانية التي كانت في ذهنه تجاوزًا كبيرًا. كان المكان الذي حصل عليه المشتري يتخطّى أي شيء كان يتوقع أو يحلم به في الأصل. لم أصدق الأمر في البداية. لم أستطع تصديق ذلك إلى أن ذكر صديقي وجود زوجة في الأمر. عندئذ فهمت على الفور! قال صديقي إنه كان يرى التصميم في عينيها بينما كانوا ينظرون إلى التراس؛ كانت نظرتها تقول، *إن لم يشترِ لي زوجي هذا المنزل، فسوف أقتله.* كانت ستحصل على هذه الشقة دون أدنى شك، بصرف النظر عن أي شيء آخر. إليكم درسًا قيمًا: الزوجة تفوز دائمًا. إذا تمكنتَ من إيجاد ما يعجبها، فستضمن حصولك على صفقة بيع.

المستثمرون

من ناحية أخرى، يُعتبر التعامل مع المستثمرين لعبةً ذات قواعد مختلفة تمامًا، فهي تتطلب أسلوبًا مختلفًا كليًا، حيث إنهم يبحثون فقط عن عائد الاستثمار (ما سيحصلون عليه سنويًا مقابل المبلغ المستثمَر). لذلك من

المهم للغاية أن تكون متخصصًا في المنطقة بحيث يمكنك إخبارهم بتاريخها، ووضعِهم في صورة العقارات التي عُقدتْ صفقات بشأنها في السنوات الثلاث الماضية. والأهم من ذلك، يحتاج المستثمرون إلى معرفة مرافق الخدمات القريبة من مدارس ومستشفيات ومغاسل وصيدليات ودور حضانة ونقل.

لا تنسَ أن المستثمرين معنيون بالحسابات والأرقام فقط. فعلى سبيل المثال، يخبرك المستثمر أنه سيستثمر مليون دولار ويبحث عن عائد من ستة إلى ثمانية في المائة سنويًا. وبمجرد امتلاكه للعقار، لن يكون بحاجة حتى إلى رؤيته لأنه، بصفته مستثمرًا، يشتري أرقامًا فحسب، وليس عقارًا. تجذب دبي العديد من المستثمرين الدوليين لأنها تسمح لهم بالاستفادة من أموالهم من خلال خطةِ مدفوعاتِ ما بعد التسليم، حيث يدفع العميل ٤٠٪ إلى ٥٠٪ فقط من قيمة العقار ليستلم مفاتيحه. ويمكنه سداد نسبة الـ ٥٠٪ المتبقية على مدى ثلاث سنوات. بعد حصول المستثمر على المفاتيح، يؤجّر العقار لتوليد الدخل من المستأجرين، والاستفادة من أمواله؛ هذا هو سبب اهتمام المستثمرين البالغ بهذه المدينة.

هناك أنواع أخرى ممن يشترون الاستثمارات بحثًا عن العقارات التجارية. قد يتطلع البعض إلى شراء شقق فندقية، مما يجعلهم مماثلين لمن يبحثون عن شقق سكنية. الفرق الوحيد هو أن الشقق الفندقية مفروشة بالكامل وتكون مزودة بخدمات مثل العناية بالغرف. كما تشمل الوحدة السكنية أيضًا جميع الفواتير، مثل الماء والكهرباء وشبكة الواي فاي وما إلى ذلك. تشمل العقارات التجارية طيفًا واسعًا من الأنواع، إذ قد تشمل الأراضي أو المستودعات – بشكل أساسي أي نوع من الأماكن المناسبة لإنشاء شركة فيها. غالبًا ما نرى أشخاصًا يستثمرون في المكاتب والمناطق التجارية الكبيرة؛

سيقومون إما بفتح أعمالهم التجارية الخاصة لتوفير الإيجار أو الاحتفاظ بهذه العقارات، كونهم يعلمون أنهم في منطقة ساخنة وسيزداد الطلب عليها ازديادًا كبيرًا في وقت لاحق.

لذا، من المهم حقًا أن تتذكّر أن هناك ثلاث مهام أساسية لا بد لك من أدائها على أحسن وجه: أولاً، تصنيف العميل؛ أي فهم احتياجاته ومتطلباته بالضبط، لأنك لا ترغب في الترويج لعقارات لا تدخل ضمن إطار اهتماماته. ثانيًا، تلبية احتياجاته من الألف إلى الياء – بحيث تجد له العقار المثالي مما يجعله يقرّر المضيّ قدمًا في الموضوع. وثالثًا، ضع نفسك دائمًا في مكان العميل.

من الأساليب الجيدة، خاصة عندما يتعلق الأمر بالمهمة الأخيرة أعلاه، أن تسأل نفسك: هل هذه هي الطريقة التي أريد أن يعامَل بها والداي؟ يقدّس الناس والديهم في كل مكان، من مختلف الثقافات ومناحي الحياة. لمَ لا يفعلون ذلك؟ فبعد كل شيء، الوالدان هما من اعتنى بتربية الأبناء، وتعليمهم وتعريفهم على كل شيء عن الحياة. وهذا ما يدفعني أن أقول إنه عليك معاملة عملائك بنفس الطريقة التي تريد أن يعامَل بها والداك. النزاهة هي كل شيء. أعطهم الأفضل. احرص على أن تكون صادقًا وأن تصغي لاحتياجاتهم وأن تبذل أقصى ما لديك من إمكانيات في مساعدتهم. سيسمح لك هذا السلوك بإنشاء علاقة متينة وناجحة مع هؤلاء العملاء يمكن أن تستمر وتتطور لتصبح صداقة جميلة.

بشكل أساسي، لا بدّ لك من اعتبار عملائك كأفراد عائلتك الكبيرة؛ أيْ أشخاص يمكنك الاعتماد عليهم ويمكنهم الاعتماد عليك بدورهم. ولتحقيق هذه الغاية، لا بدّ لك من معاملة الناس بنفس الاحترام الذي تُبديه لوالديك – كل من والدتك ووالدك. لا بدّ لك من انتهاج الشفافية الكاملة والصدق

التام والاهتمام بعملائك. من خلال اتّباعك هذه المنهجية، يمكنك أن تضمن أنّ هؤلاء العملاء سيبقون عملاءك مدى الحياة. تحمِل دائرة الثقة هذه في طياتها الرغبة في ردّ الجميل إليك من خلال التوصية بك لجميع أصدقائهم وعائلاتهم ومعارفهم.

دعنا ننتقل الآن إلى الفصل ٨، حيث سأتحدث عن الطرق المختلفة التي يمكنك من خلالها تقديم العروض إلى الأنواع المختلفة من العملاء لديك.

الفصل ٨

تقديم العروض

اعتمدتْ كل صفقةٍ بيع في تاريخ البشرية على تجربةٍ عاطفية.

ستتعلم في هذا الفصل كيفية الحل الفعّال والكفء لمجموعة متنوعة من المشكلات التي تواجهك بانتظام في مجال العقارات. في الأساس، تعتمد كل صفقةِ شراء على سيناريو مختلف إذ تختلف الظروف من مشترٍ لآخر. لا بدّ للوكيل الناجح من أن يكون قادرًا على استيعاب كلٍ منهم والعمل معه؛ لا تنسَ أن العميل يريد نقل الأموال ومهمتك هي مساعدته على تنفيذ ذلك. لهذا السبب عليك أن تكون ذكيًا في كيفية عقد صفقاتك! اسمح لي أن أقدم لك بعض الأمثلة.

الضرائب والعملة الالكترونية

دبي مدينةٌ نابضة بالحياة تجذب الناس من جميع أنحاء العالم. يهتم الأوروبيون بشدة بالشراء في دبي؛ فهي تنعم بالشمس طوال العام كما أنها مدينة آمنة؛ بالإضافة إلى أنها تُعدّ الملاذ الآمن للاستثمار؛ إذ لا يتعين على المستثمرين دفع ضرائب على العقارات التي يشترونها، ولا يتعين عليهم دفع ضرائب على أرباحهم الرأسمالية من العقارات. والأهم من ذلك، لا يتعين عليهم دفع أية ضرائب على العائدات التي يربحونها من الممتلكات. تنضوي هذه الأمور كلها تحت الإلزام الضريبي في أوروبا، ولكن لا يتعين على المستثمرين مواجهتها في دبي. وهذا هو السبب الذي يدفعهم كي يأتوا إلى هنا. ومن المهم جدًا بالنسبة لنا أن نكون جاهزين للتعامل معهم بحيث نكون مؤهلين بالمعرفةِ المناسبة وبخطةِ سدادٍ ممتازة. لدينا ميزةٌ إضافية في دبي تتمثّل في قدرتنا على منح العملاء خيارات تمويل جيدة جدًا؛ إذ يمكن لأي مستثمر دولي دفع ٥٠٪ من قيمة العقار، ثم الحصول على تمويل من قبل البنوك الإماراتية لنسبة الـ ٥٠٪ المتبقية مع مدة سداد تصل إلى ٢٥ عامًا.

هناك قضايا أخرى حول العالم تحفّز المستثمرين أيضًا للشراء في دبي. فعلى سبيل المثال، يتوق الناس إلى تجنّب ضريبة الإرث. تتيح دبي لكلّ من يستثمر عقارات التملك الحر خيارَ التسجيل بموجب الشريعة (المحكمة الإسلامية) أو بموجب قواعد مركز دبي المالي العالمي (المحكمة البريطانية). عادة، عندما تستثمرُ في بلد أجنبي، عليك اتباع قوانين تلك البلد. تتمثل ميزة الاستثمار في دبي في أنه يمكنك اختيار القوانين التي تناسبك أو تناسب عائلتك. فعلى سبيل المثال، بموجب الشريعة، تحصل الزوجة على نسبة مئوية معينة من التركة ويحصل الأطفال على نسبة مئوية أخرى، بحيث أنك لا تخسر أية نسبة

مئوية للضرائب. لذلك يسمح هذا النظام للمشترين بتحديد النظام الذي يرغبون في اتباعه وفقًا لظروفهم الفردية.

أودّ طرح مثال آخر يتعلق بالوضع الحالي في لبنان حيث إن أموال معظم الناس عالقة في البنوك، مما يمنعهم من التصرّف بها بأي شكل من الأشكال. ومن جهتنا، فإننا نقدّم لهم الآن فرصة الاستثمار في العقارات في الإمارات العربية المتحدة بحيث يدفعون من أرصدتهم العالقة في بنوك لبنان، مما يمنحهم حرية الاستفادة من أموالهم دون قيود.

إنّ أموال الكثير من الناس مقيّدة بالعملات المشفرة، ويتّضح لنا أن هذا السوق متقلب للغاية؛ إذ ترتفع الأسعار فيه وتنخفض على نحو كبير. بالنسبة للأشخاص الذين يرغبون في شراء عقارات باستخدام عملتهم المشفرة، تقبل الآن كيانات متعددة في الإمارات العربية المتحدة التحويل المباشر لعملة البيتكوين، بل إن بعض هذه الكيانات يسجّل كشركات متعددة حيث يسيلون العملة المشفرة ويرسلونها إلى المطوّر.

هذه هي أنواع الحلول التي يجب أن تكون حاضرة في ذهنك. أنت هنا لتكون صاحب الحلول ولتوفّر للمشترين كل المعرفة المناسبة، وتفاصيل جميع العوامل المعنية وكيف يمكن لهم التعامل مع السوق ودخولها؛ أنت هنا لمساعدتهم على تخفيف الصداع ومعالجة أية عقبة تعترض طريقهم.

الرهون العقارية

لكي تكون متخصصًا بكل ما في الكلمة من معنى وتوفر أقصى استفادة

ممكنة لهؤلاء الناس، عليك أن تفهم موضوع الرهون العقارية للبنوك وكيفية عملها. هناك أنواع متعددة، بما في ذلك الرهون العقارية الفردية، والرهون العقارية المشتركة، وقروض الأعمال التجارية. عليك أن تكون قادرًا على تعريفهم بهذه القروض؛ يتضمن هذا الأمر شرح كيفية عملها، بالإضافة إلى عدد السنوات التي يتعين عليهم سدادها خلالها وكم سيبلغ سعر الفائدة. هناك جانب رئيسي آخر من الموضوع عندما يتعلق الأمر بالرهن العقاري؛ ألا وهو تسييل قيمة الملكية مقابل رهن. أي بمجرد سداد ثمن العقار بالكامل، يمكنك تسييل قيمة الملكية مقابل رهن بقيمة ٦٠٪ من قيمة العقار، مما يعني أن البنك سيمنحك هذه الأموال على شكل نقود ويصبح العقار تحت قرض عقاري. بالنسبة لعقارك الأول، يمكنك الحصول على تسييل قيمة الملكية مقابل رهن تصل قيمته إلى ٦٠٪ من قيمة العقار. أما بالنسبة للعقار الثاني، فيمكنك الحصول على قرض تصل قيمته إلى ٥٥٪. وبالنسبة للثالث، يمكنك الحصول على قرض تصل قيمته إلى ٥٠٪ من قيمة العقار. هذه فرصة رائعة ليتمكن الشخص من الحصول على قرض عن طريق تسييل قيمة الملكية واستثمارها في المزيد من العقارات أو المزيد من الأعمال التجارية، مما يدرّ المزيد من الدخل.

إيجاد الحلول

في الآونة الأخيرة، كنت أعالج قضيةً حيث كان رب أسرة، اسمه «لي»، يعيش خارج وطنه الأم. وقد ادّخر ماله، ثم عاد لزيارة بلده. أودعتْ عائلتُه المال الذي جناه في البنك لكسب الفائدة. وفي أحد الأيام، ذهب الرجل إلى البنك ليكتشف أنه لا يمكنه سحب أي مبلغ من مالهِ المودع؛ لقد جمّده البنك: وكأن ماله كله قد تبخر. وصلتْ عائلتُه في نهاية المطاف إلى حالة مزرية جدًا

بحيث لم يعودوا قادرين على تأمين ثمن الطعام. ولحسن الحظ، اتصلوا بي لمعرفة ما يمكنهم أن يفعلوا. وبناء على نصيحتي، اشتروا عقارًا في دبي. ثم أعدتُ بيع هذا العقار وأعطيتهم النقود؛ مما أعاد السعادة إلى ربوع هذه العائلة. لقد منحني ذلك شعورًا جميلاً بالرضا والسعادة؛ إذْ رأيت الزوجة والجدة – والجميع – يطيرون من الفرحة ويقولون لي، «بارك الله فيك؛ لقد غيرتِ حياتنا». غمرني شعور رائع لا يوصف. ولقد كان أمرًا مذهلاً. هذه مجرد واحدة من العديد المشكلات التي أوجدت حلاً مناسبًا لها.

كانت هناك مشكلة أخرى تتعلق بمستثمر لديه أيضًا الكثير من الاستثمارات في بلده الأم، لكن الحكومة كانت تحصل على ما يقرب من ٦٠ ٪ منها. بعد التحدث مع هذا المستثمر، أنشأتُ له محفظة استثمارية في دبي، حيث بدأ في جني الأموال والحصول على كل الدخل الصافي لنفسه. كانت سعادته لا توصف. وهو يتصل بي أسبوعيًا ليشكرني على هذه الخطوة. كما إنني ساعدت الكثير من الأشخاص أيضًا في الحصول على قروض تجارية. كانوا يعانون في السابق من بعض المشكلات في الأسواق، ولكن بعد حصولهم على هذه القروض، افتتحوا عدة فروع، وهم في طريقهم الصحيح الآن ليصبحوا مؤسسات ضخمة جدًا.

باختصار، كلما زادت معرفتك، كانت احتمالات إبرام صفقاتك أفضل. عندما تجد حلاً لهذه المشكلات، كل ما يتبقى هو أمرٌ بالغ السهولة بحيث يمكنك إتمام الأمر بطريقة سلسة جدًا. ابذلْ قصارى جهدك دائمًا للحصول على النتائج التي تريدها. كلما درستَ أمور التمويل أكثر، زادت الحلول التي ستتاح لك لكل مشكلة؛ وثقْ بي، هناك حل لكل مشكلة.

يقودني هذا إلى النقطة التي شرحتها مسبقًا في هذا الكتاب فيما يتعلق

بمقابلة الأشخاص وإجراء الاتصالات لتطوير قاعدةِ بياناتٍ لجهاتِ الاتصال لديك. عليك إنشاء علاقات متينة مع البنوك، ومع المقرضين من القطاع الخاص، ومع جميع الكيانات المالية المتاحة، لأن هؤلاء الأشخاص سيقدمون لك دائمًا حلاً للموقف الذي قد يواجه عميلك أو عملاؤك المحتملين. بهذه الطريقة، إذا كنتَ لا تعرف كيفية حل مشكلة ما، فيمكنك على الأقل التواصل مع شخص يمكنه ذلك.

حان الوقت الآن لننتقل إلى الفصل التالي، الذي يتحدث عن السعي وراء المال، حيثما وُجِدْ.

الفصل ٩

اتبع المال

لا يختفي المال، بل يدخل في دورة انتقال مستمرة.

ستتعلم في هذا الفصل كيفية تحديد مصادر المال وأماكن تواجده؛ وكيفية الاقتراب من هذه المصادر، واستهدافها، وكيف تصبح مغناطيسًا جاذبًا للمال. عندما يتعلق الأمر بالمال، فإن الجزء الأكثر أهمية هو هدفك: أيْ مقدار المال الذي يجب أن تجنيه يوميًا ومقدار المال الذي يجب أن تجنيه في الساعة حتى تصل إلى هدفك. ستجد في نهاية هذا الفصل مساحة مخصصة لتسجيل أهدافك؛ إنها لفكرة جيدة أن تحتفظ بهذا السجل في مكان يمكنك رؤيته يوميًا لإبقائك على المسار الصحيح لتحقيق أهدافك المالية.

أجرِ بحثك

نرى الناس يبذلون دائمًا الكثير من الجهد في مجال المبيعات. ولكن لسوء الحظ، غالبًا ما يتجه هذا الجهد إلى الأماكن الخطأ؛ حيث لا يكون مثمرًا ولا يعطي أية نتائج مرجوة. بل بدلاً من ذلك، يرتدّ الأمر بنتائج عكسية على مندوب المبيعات؛ ما من شأنه أن يجعله يشعر بالاكتئاب، والاستياء من وظيفته، وعدم الإنتاجية، فيشعر بأن لا شيء على ما يرام من حوله. السبب الوحيد لحدوث ذلك هو أن هذا الشخص لم يبذل العناية الواجبة في تحديد المكان الذي يتوجب عليه بذل جهده فيه. من بالغ الأهمية معرفة ما إذا كان عليك أن تبذل جهدك في هذا الجزء من العالم أم لا.

فعلى سبيل المثال، لنفترض أنك تبحث عن مياه عذبة؛ بالطبع، لن تقود سيارتك إلى الصحراء للبحث عن هذه المياه لأن هذا ليس مكان تواجدها. بدلاً من ذلك، اذهب إلى نهر أو بحيرة جميلة؛ هذا هو المكان الذي ستحصل فيه على الماء. وينطبق الشيء ذاته على مجال عملنا: الأموال موجودة في الشركات الكبرى. إنها موجودة في سوق الأوراق المالية، والمؤسسات المصرفية والمالية، وصناديق التحوط، والنوادي، ومراكز التسوق الفاخرة، ومنافذ البيع؛ هذه هي الأمكنة التي يجب أن يكون لك حضور فعّال فيها. إذ، يجب عليك أولاً البحث عن العملاء المحتملين. ولهذا السبب أقول إن البحث عن العملاء المحتملين هو أحد أهم جوانب عملنا.

اتبع المال:
محترفو الأعمال

يحب الكثير من المستثمرين توزيع أموالهم في أكثر من مجال. يضع بعضهم ٣٠٪ من أصولهم في العقارات، و٣٠٪ في الذهب، والـ ٤٠٪ الباقية في سوق الأوراق المالية. لذلك عندما تتعامل مع سوق الأوراق المالية، سوف تتعامل مع سمسار بورصة ناجح يربح ١٠٠,٠٠٠ أو حتى مليونًا شهريًا؛ ستلتقي بهم لإنشاء علاقة رائعة لأنها ستكون تجارة مفيدة للطرفين. سيرغب أي شخص يربح المال من البورصة في تحويله إلى أصل آمن، ولا مجال أكثر أمانًا من العقارات. لنفترض أن أحد عملائك يرغب في التوسع خارج نطاق العقارات. يمكنك إحالة هذا الشخص إلى سمسار البورصة الذي تعرفه؛ وبالمثل، يمكن للسمسار أن يحيل عملاءه إليك إذا أرادوا دخول سوق العقارات. بهذه الطريقة، ستكون هناك دورة من المال حيث يأخذ الجميع قضمة من الكعكة.

يسير الأمر بنفس الطريقة بالنسبة للمؤسسات المصرفية والمالية، حيث إنها تمتلك أكبر عدد من المستثمرين. معظم الناس ليس لديهم أعمال تجارية؛ فهم يبحثون عن رهون عقارية أو منازل، ويبحثون عن قروض تجارية. هذا هو المكان الذي ستجد المال فيه. كما أنك تجد الأمر ذاته في صناديق التحوط. صندوق التحوط عبارة عن مجموعة من المستثمرين الذين يجمعون جميع أصولهم معًا ويخلقون شكلاً من أشكال السيولة للاستثمار، ويتم تقسيم الأرباح بالتساوي بين الأعضاء. سواء كان الأمر عقارًا أو قرضًا تجاريًا أو صندوق تحوط، سيكون هناك مدير أو مستشار يشرف عليه. سيكون لديه كافة التفاصيل الخاصة بالأشخاص الذين يتطلعون إلى استثمار أموالهم،

لـذا فـإن الأمـر يسـتحق التعرّف عليـه كي تتمكـن مـن إقامـةِ علاقـةٍ عمـلٍ معـه وتتبـادلا المعلومـات.

اتبع المال: في الميدان

يحـب الكثـير مـن الأثريـاء قضـاء وقتهـم في النـوادي. فالبعـض منهـم يرتـاد ناديًـا شـعريًا والبعـض الآخـر يفضّـل نـوادي الخيـول، بينـما يحـب البعـض الآخـر أن ينضمّـوا إلى مجموعـاتِ أعـمال. بغـضّ النظـر عـن اهتمامـات النـادي، فهـو المـكان الـذي تتواجـد فيـه الأمـوال، وهنـاك دائمـًا أشـخاص يعرفـون أشـخاصًا يرغبـون في الاسـتثمار في العقـارات. إذا أصبحـتَ ودودًا مـع هـذه الأنديـة وأعضائهـا، فسـوف يمكّنـك ذلـك مـن التواصـل، ومـن توسـيع قاعـدة عملائـك. أنـت تعـرف حقيقـةَ أنّ هـؤلاء الأشـخاص لديهـم المـال، وفي جميـع الأحـوال، يريـدون إنفاقـه؛ وهنـا يـأتي دورك أنـت.

الـشيء نفسـه ينطبـق عـلى مراكـز التسـوق الفاخـرة. لا بـدّ أنـك تعـرف السـيناريو: يخرجـون لبضـع سـاعات مـن التسـوق وينتهـي بهـم الأمـر بإنفـاق ٢٠ أو حتـى ٤٠ ألـف دولار. أيّ شـخص يسـتطيع أن ينفـق هـذا القـدر مـن المـال في رحلـةِ تسـوقٍ واحـدة لديـه بالتأكيـد الكثـير مـن الأمـوال لينفقهـا. كـن ذكيًـا. تقـرَّب مـن البائعـين ومديـري المتاجـر وتعـرّف عليهـم. مـن المحتمـل أن يكونـوا قـد اكتسـبوا بعـض المعلومـات عـن عملائهـم عنـد مسـاعدتهم في التسـوق، لذلـك فهُـم لديهـم فكـرة جيـدة عـن هويـة هـؤلاء الأشـخاص ومَـنْ منهـم يريـد شراء شيء مـا. الأمـر مشـابه لسـيناريو حـارس الأمـن تمامًـا؛ إذا أخـبر أحـدُ العمـلاء مديـرِ المتجـر في شـانيل أنـه يتطلـع إلى شراء بعـض العقـارات، فأنـت ولا بـدّ تريـد مـن المديـر أن يذكـر لـه اسـمك. ولا بـدّ لي مـن القـول مـرة أخـرى، تسـير الأمـور بالاتجاهـين؛ بحيث

ستتمكن من رد الجميل في وقت لاحق.

مرة أخرى، إياك أن تنخدع بالاعتقاد أنه يمكنك تجربة أمر واحد فقط لتصبح ناجحًا. يتعلق الأمر كله بالتجربة والخطأ وبتغطية كافة القواعد الأساسية. تواصِلْ مع العديد من سماسرة الأسهم، ومع العديد من المؤسسات المالية، ومع العديد من مديري المتاجر الفاخرة. ليس عليك أن تعمل بجهد. عليك فقط أن تعمل بذكاء.

خذ قلمًا وورقة ودوّن أسماء الأشخاص الذين تعرفهم والذين قد يندرجون ضمن الفئات المذكورة أعلاه وحاول اكتشاف طريقة للتعامل معهم. اختلطْ مع الآخرين. ابحثْ عن العملاء المحتملين. لا تخفْ من مصافحة أشخاص جدد والتعرّف عليهم. ولا تنسَ، أنه كلما ازدادت مصادرك للتعرّف على أصحاب الأموال، ازداد عمم الاجتماعات التي تعقدها، وازدادت الأموال التي تربحها. وهذا يقودنا إلى الفصل التالي الذي يدور حول خدمة العملاء.

الأهداف المالية

الهدف بالساعة	الهدف اليومي	الهدف الأسبوعي
هل تحقق؟ نعم/ لا	هل تحقق؟ نعم/ لا	هل تحقق؟ نعم/ لا

الفصل ١٠

خدمة العملاء

كلما كانت سعادتهم أكبر، نشروا الخبر أكثر.

ستتعلم في هذا الفصل كيفية التعامل مع حالات الرفض. ستتعلم كيف تكون يقظًا ومتاحًا دائمًا، وكيف تتعامل مع الأخطاء وتجد الحلول المناسبة. في مجال خدمة العملاء، يمكن أن ترسخ صورتك في ذاكرة العملاء لأحد أمرين: إما خدمتك الفظيعة أو خدمتك الرائعة. لن يتذكر أحد أبدًا الخدمة العادية. لذلك من المهم جدًا تقديم تجربةِ العمر للعميل. تخيّل أنك العميل. فكّر الآن في الطريقة التي تريد أن يتم التعامل بها معك، وكيف تريد أن يتم الاتصال بك، وكيف تريد معالجة جميع مشاكلك، وكيف تريد أن تتذكر هذا الشخص الذي كان يتعامل معك.

الأساسيات

أولاً، عليك التأكد من العناية بنظافتك الشخصية؛ يجب أن ترتدي ملابس أنيقة وأن تكون مستعدًا ويقظًا دائمًا. أنت محترف، ويجب أن ترتدي ملابسك بأناقة، وصولاً إلى أدقّ التفاصيل. كن ودودًا ومهذبًا على الدوام. يجب أن ترسم ابتسامةً على وجهك مهما حدث. حتى لو شعرتَ بالإساءة أو فقدت أعصابك، عليك أن تتذكر أنه ليس أنت من يشعر بذلك. لقد جاء ذلك الشخص إليك لأن لديه مشكلة، وعلى الرغم من وجود مشكلة، إلا أنه يوجد حل أيضًا. صحيح، قد لا يكون لديك أية علاقة بقضاياه ومشاكله، وقد تتساءل عن سبب تنفيسه عن غضبه في وجهك. لكنك أنت حلّال المشاكل ويجب ألا تتدخل عواطفك في هذا الأمر على الإطلاق. بدلاً من ذلك، يجب عليك استخدام عقلك فقط، واستيعاب المعلومات، وتولّي الموضوع. بمجرد قيامك بذلك، يمكنك الانتقال إلى الجزء الأكثر أهمية في تجربة خدمة العملاء لديك: حل المشكلات.

إيجاد الحل

لكل مشكلة حل، هذه قاعدة مسلّم بصحتها منذ بدء الخليقة. وما يجعلنا أفراداً متميزين عن غيرنا هو أن بعض الناس يشعرون بالإساءة، ويردّون بالصراخ، بينما بكتفي الآخرون بالإصغاء، والابتسام، وتقديم الحل، وتوجيه العميل، ومنحه أفضل تجربةٍ في حياته.

لدينا العديد من العملاء العالميين في مجال عملنا وهؤلاء العملاء غير موجودين أمامنا فعليًا. لا تنسَ أن هؤلاء الأشخاص يأتمنونك على مبالغ

بملايين الدولارات عبر الهاتف أو عبر مكالمة من خلال تطبيق زووم. لذلك بمجرد أن تبدأ في إظهار معرفتك، وبمجرد أن تظهر لهم مصداقيتك، فإنك تمنح العميل شعورًا دافئًا؛ إذ إنك تجعله يقول لنفسه، ***هذا الشخص مهتم بمساعدتي في إدارة أموالي.*** وهو من سيدير عقاراتي أو حتى أعمالي، وسيعود عليّ هذا الشخص بالمزيد من المال. إن أسلوبك الودود هذا يجعل العميل يشعر وكأنك صديق حقيقي له. ليس من بالغ الصعوبة اكتساب ثقته، طالما أنك تتمتع بالشفافية والسهولة في التعامل طالما أنك تقدم له المعلومات الصحيحة. لا تحاول خداع أحد. إياك أن تخبر عميلك بشيء غير صحيح. لأنه في نهاية المطاف، تنتشر وسائل التواصل الاجتماعي في كل مكان، ويمكن لأي شخص التحقق من المعلومات بنقرة زر.

عندما يرغب المستثمرون العالميون في معرفة موقعٍ في دبي، يمكننا الانتقال إلى برنامج غوغل إيرث وجعلهم يرون الموقع الدقيق؛ كما يمكننا أيضًا إلقاء الضوء على الصفقات التي أبرمتْ من قبل في هذه المنطقة، وسوق الإيجار، والطلب على الإيجار، وما السبب في أن هذه المنطقة هي منطقة واعدة بجني الأرباح أو سبب وجود طلب كبير عليها، وأين يجب على الناس استثمار أموالهم. في بعض الأحيان، لا يسمح البلد الأصلي للمستثمر بتحويل مبالغ كبيرة من المال. مهمتك هي العثور على حل؛ فعلى سبيل المثال، إرسال الفواتير من المطورين مع إثبات التوثيق، مثل خطاب نوايا يقول إن السيد فلان يشتري عقارًا من هذا المطور، وأن هذه هي اتفاقية الشراء الفعلية لمبيعات العقد، وهذا هو نموذج الحجز، وهذا هو المبلغ المطلوب تحويله، وهذا هو حساب الضمان الخاص بنا، وما إلى ذلك. بهذه الطريقة، ستساعده في إخراج أمواله من البلاد دون أية متاعب.

قد تكون أموال بعض الأشخاص الآخرين مقيدة بعملة مشفرة ويريدون

إرسالها إلى دبي. ولسبب ما، لا يقبل المطورون تحويلات بيتكوين، لذلك يجب تسييل الأموال من خلال طرف ثالث. هذه الأطراف الثالثة متاحة بسهولة في هذه المدينة، لكن لا بد لك من إجراء اتصالات معهم أولاً حتى تتمكن من توصيل المعلومات الصحيحة إلى عميلك. إذا كنتَ قادرًا على إرشادهم خلال العملية وتقديم معلومات دقيقة، فستضمن ثقتهم بك واحترامهم لك. تدرّب على سيناريوهات متعددة عن طريق وضع نفسك مكان العميل وتصوُّر الحل الذي سيجعله سعيدًا. توقَّع المشاكل وابتكر الحلول المناسبة؛ هذا يعني أنك مستعد لأي شيء قد يطرأ.

تابع عملاءك دائمًا

يعتقد بعض الوكلاء أنه بمجرد توقيع الأوراق وتحويل الأموال، يكون عملهم قد انتهى. إنهم مخطئون. ما يجعلك شخصًا لا غنى عنه للعملاء هو المتابعة. لا تتوقفْ عند إبرام صفقة البيع ثم تتخلى عن العميل؛ تحققْ من سير الأمور، واسألْ عمّا إذا كان بإمكانك مدّ يد المساعدة في أي شيء آخر، وقدّمْ توصيات بشأن الخدمات الأخرى التي يمكنه الوصول إليها، مثل ربطه مع مديري العقارات أو المستشارين القانونيين. من المحتمل أن يكون هذا السلوك مفيدًا للطرفين؛ إذ أنك تساعد عملاءك من البداية إلى النهاية ثم طوال فترة ملكيتهم للعقار الاستثماري، وبالمقابل يساعدونك في تقديم توصيات لامعة والمزيد من الأعمال عندما يتطلعون إلى زيادة استثمار أموالهم في المستقبل. هذا الاهتمام بالتفاصيل والاستعداد لمساعدتهم هو ما يميّزك عن بقية الوكلاء. وتأكّد من أن عملاءك سيتذكرونك، ويتذكرون جميع الخدمات الجليلة التي قدمتَها لهم!

بمجرد أن ترى العميل يبتسم، فهذا يعني أنّ مهمتك قد تمتْ على أكمل وجه. بمجرد أن تسمعه يشكرك من أعماق قلبه، فهذا يعني أنك صديقه، وأنك قد أنشأت لنفسك للتو شبكةَ أعمال رائعة.

التفكير: خدمة العملاء

لتقديم خدمة عملاء رائعة، عليك التفكير في نوع الخدمة التي ترغب أنت في الحصول عليها. استخدم المساحة أدناه للتوصل إلى استراتيجية تميزك عن أي وكيل آخر.

حادثة عانيتُ فيها من خدمة رهيبة...	حادثة حصلتُ فيها على خدمة رائعة...

ثلاث طرق سأقدم من خلالها خدمة متميزة:

الفصل ١١

الشجاعة

لديك أدوات النجاح بين يديك الآن، إذًا حان الوقت لإنجاز العمل الجاد والذكي.

كما الحال مع العديد من الأشخاص الآخرين الذين حققوا النجاح، أعتقد أن ردّ الجميل أمر بالغ الأهمية. من خلال تأليف هذا الكتاب، آمل أني أساعد الآخرين على تحقيق أحلامهم ورؤيتها تتحول إلى واقع، لأن ردّ الجميل أكثرُ متعة من النجاح. هذا الكتاب هو أداتك بين يديك. فهو يقدم لك كافة التقنيات التي تحتاجها للوصول إلى مبتغاك. الأمر كله الآن متروك لك – إلى أيّ مدى أنت متحرّق للنجاح وما مدى جديّتك في تحقيقه.

لا تنسَ إن الأمر كله يتعلق بالشجاعة. إذ في نهاية المطاف، إذا كان لديك مائة دولار، فأنت شجاع مائة مرة؛ وإذا كان لديك ألف دولار، فأنت شجاع ألف مرة. لذا تحلّ بالشجاعة الكافية لالتقاط الهاتف وإجراء تلك المكالمة، للضغط على زر التسجيل والبدء في إنشاء مقاطع فيديو لمطاردة المال. هذا الكتاب

هو ميزةُ أفضليةٍ لك في البداية. لقد جربتُ ١٠,٠٠٠ طريقة مختلفة لأتوصّل إلى ما يَصلح وما لا يصلح. لكي تصبح شخصًا ناجحًا، عليك أن تصبح شخصًا مختلفًا. لقد تخلّيتُ عن أسلوب حياة البذخ والحفلات، واستعضتُ عنها بثالوث النجاح. بدأتُ في قراءة الكتب والمقالات، وتحديد الأهداف، والتحدث مع الأشخاص الناجحين؛ بدأتُ أفكر في المستقبل لأرتقي بنفسي للوصول إلى أفضل نسخة ممكنة من ذاتي. لقد غذّيتُ عقلي وجسدي وروحي.

عندما بدأتُ في مشواري هذا، لم أكن أرغب بأكثر من أن أجني ما يكفي من المال لأتمكن من تأمين مصاريفي اليومية؛ كان البقاء بشقّ الأنفس هو غايتي في الحياة، وكانت الأهداف الكبيرة نائية تمامًا عن ذهني. ولكن بمجرد أن جنيتُ ما يكفي من المال لتدبّر أموري، أدركت إنني كنت أفكر بأفق ضيّق. فقررت أن أرفع مستوى التحدي وأن أجني بعض الدخل الإضافي فوق ذلك. في نهاية المطاف، جنيتُ أول مائة ألف، ثم أول مليون. لكنني لم أتوقف عند هذا الحد. بل، بدلاً من ذلك، أدركت إنني يمكنني إنجاز المزيد ثم المزيد مرة أخرى. وفي كل مرة أحقق فيها هدفي، أضع هدفًا جديدًا، حتى حققت في نهاية المطاف مبيعات تنوف على ٥٣٠ مليون دولار أميركي في غضون ثلاث سنوات. لقد عملتُ بجد وعملت بذكاء. إذن، إليك نشاطك الأخير في هذا الكتاب: حدد خطوتك الأولى وقم بالقفزة اللازمة.

الخاتمة

بعد ست سنوات من العمل المتواصل، حققتُ نجاحًا باهرًا في دبي ورأيت أحلامي تتحول إلى واقع ملموس. وقد ألّفت هذا الكتاب شارحًا فيه بالتفصيل أفضل النصائح والحيل التي مكّنتني من ذلك؛ وهو يحتوي على كل ما تعلمته بصفتي وكيل عقارات في مدينة مليئة بالفرص. أتمنى أن تكون قد استمتعتَ بقراءته.

بمجرد أن تضعه من يدك، أريدك أن تجلس بمفردك، وتفكر في الطريقة التي تريد أن تنتهجها لتحقّق نجاحك الكبير، وتحاول دمج بعض الأساليب التي ذكرتُها في حياتك الخاصة؛ أريدك أن تغير طريقة تفكيرك وأن تسعى جاهدًا للوصول إلى أفضل نسخة ممكنة من ذاتك.

إذا كان لديك أية أسئلة حول ما ذكرتُه هنا، أو أية تساؤلات بشأن العقارات، يمكنك التواصل معي من خلال تفاصيل الاتصال المذكورة في صفحة السيرة الذاتية للمؤلف. إنني أتطلع إلى الاستماع منك. وإلى ذلك الحين، لتكنْ أحلامك كبيرة واعملْ على تحقيقها.

لمزيد من المعلومات

رجاءً، لا تتردد في التواصل معي إذا كانت لديك أية أسئلة أخرى أو كنتَ ترغب في مشاركة قصصِ نجاحك. إذا كنتَ ترغب في معرفة المزيد، فتابعني على وسائل التواصل الاجتماعي؛ حيث ستجد مئات الأفكار حول كيفية الترويج لنفسك وبناء قاعدة عملاء باستخدام العديد من المنصات المتاحة لك. إذا كنتَ مهتمًا بمعرفة المزيد عن صناعة العقارات في دبي، تُقدّم لك أكاديميتي عبر الإنترنت أكثر من خمسين مقطع فيديو مسجلاً مسبقًا توفّر لك معرفةً متقدمة حول القواعد واللوائح الخاصة بسوق العقارات في دبي. ستوفر لك هذه المقاطع المزيد من المعلومات حول الأساليب والتقنيات التي ستساعدك في الوصول إلى أهدافك، بدءً من اليوم الذي تحصل فيه على الوظيفة، ووصولاً إلى الوقت الذي تحاول فيه إنشاء قوائمك الخاصة بالعقارات المتاحة. كما إنني أقدّم التدريب الفردي والجماعي؛ لمزيد من التفاصيل اطّلعْ على موقع الويب الخاص بي.

مُد حياتك

وسائل التواصل الاجتماعي:

لينكدإن: https://lnkd.in/fCKcdaP
فيسبوك: https://www.facebook.com/anthony.a.jaoude.9
صفحة المعجبين على فيسبوك: https://www.facebook.com/DubaiFinestwealthmanager

الأكاديمية عبر الإنترنت:

للتسجيل في أكاديميتي عبر الإنترنت وتطوير المهارات المتقدمة، راجع موقع الويب الخاص بي: https://anthonyjosephaj.com/course

مصادر أخرى عبر الإنترنت:

للحصول على أمثلة مفيدة لمحتوى مقاطع الفيديو للتفاعل مع العملاء المحتملين، توجّه إلى قناتي على يوتيوب:
https://lnkd.in/fCKcdaP

إذا كنت مهتمًا بمعرفة المزيد عن صعودي سلّم النجاح في صناعة العقارات، فاطلع على هذا البودكاست:
https://podcasts.apple.com/ae/podcast/dubai-stars-rise-to-the-top/id1525177766

وأخيراً، لمزيد من المعلومات حول سوق العقارات المزدهر في دبي، راجع:
https://instagram.com/anthony_aj_wit?inshid=10ja1d12bxq3x

نبذة عن المؤلف

أنتوني جوزيف هو رائد أعمال عصامي أسّس العديد من الأعمال التجارية. وهو المدير المساعد لشركة بروفيدنت إستيت (أكبر شركة وساطة عقارية وأكثرها إبداعًا في دبي) والرئيس التنفيذي لشركة برايم ستي (شركة بيوت عطلات في دبي، الإمارات العربية المتحدة).

في عام ٢٠١٤، انتقل أنتوني من موطنه الأم لبنان إلى دبي بالإمارات العربية المتحدة لا يمتلك سوى بضع مئات من الدولارات فقط. وفي غضون سنوات قليلة، حقق مبيعات عقارية بمئات الملايين من الدولارات وأنشأ شركته الخاصة.

يعمل أنتوني مع مستثمرين من أصحاب الثروات الكبيرة وعملاء كمستخدمين نهائيين لفهم متطلباتهم وتقديم أفضل الحلول في سوق العقارات الديناميكي والمتطور في دبي. كما أنه أصبح المنتج الأول في بروفيدنت ريل إستيت، محطماً أرقاماً قياسية جديدة ومساعدًا الوكالة على أن تصبح شركةَ وساطة عقارية حائزة على جوائز مفضلة وتفوز بفئة المبيعات الأعلى في جوائز إعمار ٢٠٢٠.

مُد حياتك

بالإضافة إلى مساهمة أنتوني المذهلة في صناعة العقارات، فإنه يواصل باستمرار سياسة ردّ الجميل للمجتمع من خلال برامج التوجيه والتدريب، مما يساعد رواد الأعمال الطموحين الآخرين في تحقيق أهدافهم.

وهو أيضًا مقدم البودكاست دبي ستارز، حيث يجري مقابلات مع مكافحين حقيقيين في دبي، الذين جاءوا إلى المدينة لا يملكون فلسًا واحدًا بكل ما في الكلمة من معنىّ وتطوروا ليصبحوا أفضل اللاعبين في مجالاتهم.

يمكنك الوصول إلى أنتوني على: https://anthonyjosephaj.com

لينكدإن: https://lnkd.in/fCKcdaP

فيسبوك: https://www.facebook.com/anthony.a.jaoude.9

صفحة المعجبين على فيسبوك: https://www.facebook.com/DubaiFinestwealthmanager

إنستاغرام: https://instagram.com/anthony_aj_wit

يمكنك الاستماع إلى البودكاست الخاص به على:
https://podcasts.apple.com/ae/podcast/dubai-stars-rise-to-the-top/id1525177766

هل تريدني أن أدلّك على الطريق؟

هل أنت مهتم بالحصول على مساعدة فردية لتأمين مستقبلك من خلال أيّ مما يلي؟

- تقييم العقارات؛
- الشراء والبيع والتأجير؛
- إدارة العقارات؛
- التصميم الداخلي/ التركيبات الداخلية؛
- تأجير منازل قضاء العطلات؛
- التأثيث والانتقال؛
- الرهون العقارية والقروض التجارية والقروض الشخصية؛
- تسييل العملات المشفرة.

تواصلْ معي على Anthony@providentestate.com وسيسعدني مدّ يد المساعدة.

www.ingramcontent.com/pod-product-compliance
Lightning Source LLC
LaVergne TN
LVHW022002060526
838200LV00003B/54
* 9 7 8 1 7 6 1 2 4 0 3 0 0 *